1 Teig,
100 Kuchen

1 Teig, 100 Kuchen

Christine France

Parragon

Bath · New York · Singapore · Hong Kong · Cologne · Delhi · Melbourne

Love Food ® is an imprint of Parragon Books Ltd

Text: Christine France
Layout: Simon Levy
Fotografien: Clive Streeter
Fachberatung: Angela Drake

Produktion der deutschen Ausgabe: trans texas publishing, Köln
Übersetzung: Lisa Heilig GbR, Köln
Satz: Ilona Buchholz, Köln
Lektorat: Christine Weidenweber, Weibersbrunn

ISBN 978-1-4075-7744-9

Printed in China

Hinweis:
Sofern die Schale von Zitrusfrüchten benötigt wird, verwenden Sie unbedingt unbehandelte Früchte.
Sind Zutaten in Löffeln angegeben, ist immer ein gestrichener Löffel gemeint: Ein Teelöffel entspricht 5 ml, ein Esslöffel 15 ml.
Sofern nicht anders angegeben, wird Vollmilch (3,5 % Fett) verwendet.
Es sollte stets frisch gemahlener schwarzer Pfeffer verwendet werden.
Bei Eiern und einzelnen Gemüsesorten, z. B. Kartoffeln, verwenden Sie mittelgroße Exemplare.
Kinder, ältere Menschen, Schwangere, Kranke und Rekonvaleszenten sollten auf Gerichte mit rohen oder nur leicht gegarten Eiern verzichten.
Die angegebenen Zeiten können von den tatsächlichen leicht abweichen, da je nach verwendeter Zubereitungsmethode und vorhandenem Herdtyp Schwankungen auftreten.

Inhalt

Einleitung

Selbst wenn Sie kein Backprofi sind – die gute Nachricht lautet, dass selbst gebackene Kuchen weder schwierig noch zeitaufwendig sein müssen. In diesem Band finden Sie 100 schnelle, einfache Kuchen aus Rührteig für jede Gelegenheit. Sämtliche Rezepte in diesem Band basieren auf einem Grundrezept (siehe Seite 10). Um Ihnen die Arbeit zu erleichtern, haben wir die notwendigen Zutaten und Arbeitsschritte aus dem Grundrezept in jedem Rezept aufgelistet, damit Sie nicht zwischen Grundrezept und Variation hin- und herblättern müssen.

Küchenutensilien

Die für diese Kuchen benötigten Geräte und Utensilien sollten in allen Haushalten bereits vorhanden sein: Rührschüssel, Sieb, Messbecher und Löffel, Kuchengitter (notfalls der Backofenrost) und Kuchenformen.

Gute Backformen leiten die Hitze gleichmäßig weiter und sind sehr langlebig. Klassisch sind runde und eckige (Spring-)Formen, Backbleche, Bund-, Kranz-, Kasten- und Muffinformen. Das Gelingen eines Kuchens hängt nicht zuletzt auch von der richtigen Formgröße ab. Da die Kapazitäten von Hersteller zu Hersteller variieren können, sind die erforderlichen Formgrößen in den Rezepten immer angegeben. Um zu prüfen, ob die Backform die richtige Größe oder das richtige Fassungsvermögen hat, messen Sie nach oder füllen Sie die entsprechende Menge Wasser in die Form.

Schüsseln aus Kunststoff oder Plexiglas sind ideal zum Teigrühren. Mit den meisten Messbechern können Sie nicht nur Flüssigkeiten, sondern auch Trockenzutaten wie Mehl, Kakao, Zucker, Rosinen oder Grieß abmessen.

Außerdem empfiehlt sich die Verwendung eines elektrischen Handrührgeräts oder einer Küchenmaschine. Damit lässt sich der Teig schnell und einfach rühren.

Grundzutaten

Der Teig für unsere Kuchenrezepte besteht aus Weizenmehl Type 405, Backpulver, Butter (oder Öl, Sahne, Joghurt), Zucker (oder Honig, Sirup), Eiern, Vanille- oder anderen Aromen sowie Milch oder Fruchtsaft.

Zunächst wird das Mehl zusammen mit dem Backpulver gesiebt, um die Zutaten zu mischen und aufzulockern. Die benötigten Mehl- und Backpulvermengen in den Variationen können vom Grundrezept abweichen, prüfen Sie also stets die Mengenangaben in den Zutatenlisten, bevor Sie beginnen.

Butter verleiht dem Teig das beste Aroma, sie kann aber durch eine günstigere Backmargarine ersetzt werden. Halbfett- oder Diätmargarinen eignen sich aufgrund des niedrigen Fettgehalts nicht zum Backen. Das Fett, egal ob Butter oder Margarine, sollte weich sein. Nehmen Sie es also einige Zeit vor dem Backen aus dem Kühlschrank oder erwärmen Sie es kurz in der Mikrowelle (aber nicht schmelzen!). Durch die Verwendung von Speiseöl wird die Kuchenkrume feuchter und kompakter, wie z. B. bei Honigkuchen. Wählen Sie in diesem Fall ein möglichst geschmacksneutrales Pflanzenöl. Sahne und Joghurt enthalten weniger Fett als Butter oder Margarine, wodurch der Kuchen eine kompaktere Textur bekommt und schneller trocken wird.

Weißer Zucker mit sehr feiner Körnung verleiht dem Kuchen eine feine Textur. Ersatzweise kann brauner Zucker (Kandisfarin) verwendet werden. Der Kuchen erhält dadurch ein kräftigeres, volleres Aroma. Größere feste Klumpen im Zucker sollten vorher immer zerstoßen werden, da sie sich nicht immer im Teig auflösen. Zuckerrübensirup und Honig sind alternative Süßstoffe, die eine weichere Krume bewirken. Roh-Rohrzucker ist ideal, um einen Kuchen zu bestreuen, da er eine schöne, aromatische Kruste bildet. Puderzucker ist unverzichtbar für die Zubereitung von Füllungen und Glasuren oder zum Bestäuben.

In allen Rezepten in diesem Band werden Eier der Größe L verwendet. Im Kühlschrank gelagerte Eier sollten einige Zeit vorher herausgenommen werden, damit sie bei der Verarbeitung zimmerwarm sind.

Vanille ist ein wunderbares Aroma zum Verfeinern von Kuchen und anderen Backwaren. Weitere Aromen sind z. B. Bittermandelaroma, Kaffee, Orangenblütenwasser, Rosenwasser und Pfefferminzöl.

Milch und Fruchtsäfte werden zum Teigverdünnen eingesetzt. Nach Belieben können Voll-, Halbfett- oder Magermilch, Fruchtsäfte wie Apfel-, Orangen- oder Zitronensaft oder alkoholische Getränke wie Rum oder Liköre verwendet werden. Nicht bei allen Teigen aber ist eine Flüssigkeitszugabe erforderlich.

Weitere Zutaten

Vollkornmehl, Haferflocken oder Grieß können Weizenmehl in manchen Rezepten ergänzen oder gar ersetzen. Sie bewirken sowohl eine Textur- wie auch eine geschmackliche Veränderung des Kuchens. Als Grundregel kann gelten: je größer die Menge dieser Zutaten bzw. je vollwertiger das Korn, desto gröber wird die Krume des Kuchens.

Um das Aroma eines Kuchen zu variieren, können Gewürze wie z. B. Zimt, Kardamom, Piment, Muskat, Ingwer oder Anis zugegeben werden. Die gemahlenen Gewürze sollten mit Mehl und Backpulver gesiebt werden, damit sie sich gleichmäßig im Teig verteilen. Fein abgeriebene Zitrusschalen (von unbehandelten Früchten!) fügen Kuchen und Glasuren eine leicht fruchtige, spritzige Note hinzu.

Für Schokoladengeschmack können Kakaopulver, Schokoladentropfen oder geschmolzene Schokolade in den Kuchenteig gemischt werden. Wird Kakaopulver verwendet, reduziert sich automatisch die Mehlmenge. Beachten Sie also stets die Mengenangaben in den Zutatenlisten.

Frische oder getrocknete Früchte machen aus einem einfachen Rührteig etwas Besonderes. Trockenfrüchte, die sich prima aufbewahren lassen, haben ein konzentriertes süßes Aroma. Früchte aus der

Dose sollten zunächst sorgfältig abgetropft werden, damit der Teig nicht zu feucht wird.

Nüsse wie Mandeln, Hasel-, Wal- oder Pekannüsse und Samen wie Sonnenblumen- oder Kürbiskerne, Sesam oder Mohn verleihen einem Kuchen nicht nur mehr Biss, sondern bereichern ihn auch durch wertvolle Nähr- und Ballaststoffe.

Tipps & Tricks

- Schalten Sie den Backofen auf die angegebene Temperatur, bevor Sie mit der Teigzubereitung beginnen.

- Fetten Sie die Backform mit zerlassener Butter oder Öl ein und kleiden Sie sie mit Backpapier aus.

- Wiegen Sie die Zutaten genau ab: Mengen in Messlöffeln mithilfe eines Messerrückens glatt streichen; Zutaten in Messbechern durch leichtes Klopfen ebnen.

- Vermeiden Sie zu langes Rühren ebenso wie zu kurzes. Wenn nicht anders angegeben, rühren Sie immer nur so lange, bis die Zutaten gebunden und glatt sind.

- Backen Sie den Teig sofort nach der Zubereitung, da das Backpulver seine Triebkraft entfaltet, sobald es in Kontakt mit Flüssigkeit kommt.

- Öffnen Sie die Backofentür während des Backens nicht, da es sonst zu einem Temperaturabfall kommt und der Teig zusammenfallen kann.

- Machen Sie kurz vor Ende der angegebenen Backzeit eine Garprobe. Der Kuchen sollte auf Fingerdruck elastisch nachgeben. Ein in die Mitte gesteckter Holzspieß sollte trocken und sauber bleiben.

- Lassen Sie den gebackenen Kuchen einige Minuten in der Form abkühlen. Lösen oder stürzen Sie ihn dann aus der Form und lassen ihn auf einem Kuchengitter vollständig erkalten.

Grundteig

Ergibt 2 Kuchen (20 cm Durchmesser)

- Öl oder zerlassene Butter, zum Einfetten
- 200 g Mehl
- 1 EL Backpulver
- 170 g weiche Butter (in manchen Rezepten ersetzt durch Öl, Sahne oder Joghurt)
- 180 g Feinstzucker (in manchen Rezepten ersetzt durch braunen Zucker, Honig oder Sirup)
- 3 Eier, verquirlt
- 1 TL Vanillearoma (in manchen Rezepten ersetzt durch Bittermandelaroma, Kaffee oder Orangenblütenwasser)
- 2 EL Milch oder Fruchtsaft

Dies sind die Grundzutaten für alle 100 in diesem Band vorgestellten Kuchenvariationen.

Auf den folgenden Seiten sind Zutaten, die im Grundrezept erscheinen, immer mit einem * gekennzeichnet. Nicht markierte Zutaten weichen entweder in ihrer Menge vom Grundrezept ab oder sind zusätzliche Zutaten.

Dieser Grundteig reicht für zwei 20-cm-Springformen. Wenn Sie nur eine Form haben, können Sie auch den ganzen Teig in einer Form backen. Die Backzeit muss dann entsprechend erhöht (40–50 Minuten) und der Kuchen nach dem Auskühlen waagerecht in zwei bzw. drei gleich dicke Teigböden geschnitten werden. Alternativ kann der zweite Boden auch in einem Tortenring auf einem Backblech gebacken werden.

Für die Familie

Gefüllter Schokoladenkuchen

Ergibt 8 Stück

- Öl oder zerlassene Butter, zum Einfetten
- 170 g Mehl
- 2 EL Kakaopulver
- 1 EL Backpulver
- 170 g weiche Butter
- 180 g Feinstzucker
- 3 Eier, verquirlt
- 1 TL Vanillearoma
- 2 EL Milch
- 150 ml Schokoladencreme
- Puderzucker, zum Bestäuben

1. Den Backofen auf 180 °C vorheizen. Zwei Springformen (20 cm Durchmesser) einfetten und den Boden mit Backpapier auskleiden.
2. Mehl, Kakaopulver und Backpulver in eine große Rührschüssel sieben. Butter, Zucker, Eier und Vanillearoma dazugeben. Die Zutaten zu einem glatten Teig rühren, dann die Milch einarbeiten.
3. Den Teig in die vorbereiteten Formen füllen und die Oberfläche glatt streichen. Im vorgeheizten Ofen 25–30 Minuten goldbraun backen. Die Kuchen 2–3 Minuten abkühlen lassen, dann aus der Form lösen und auf einem Kuchengitter vollständig erkalten lassen.
4. Die Kuchen mit der Schokoladencreme zusammensetzen und mit Puderzucker bestäuben.

Mokka-Walnuss-Kranz

1. Den Backofen auf 160 °C vorheizen. Eine beschichtete Kranzform (22 cm Durchmesser) einfetten.

2. Mehl und Backpulver in eine große Rührschüssel sieben. Butter, Zucker, Eier und Kaffee dazugeben. Die Zutaten zu einem glatten Teig rühren, dann die Walnüsse unterheben.

3. Den Teig in die vorbereitete Form füllen und die Oberfläche glatt streichen. Im vorgeheizten Ofen 40–45 Minuten goldbraun backen.

4. Den Kuchen 10 Minuten in der Form abkühlen lassen, dann auf ein Kuchengitter stürzen. Mit 2 Esslöffeln Ahornsirup tränken und vollständig erkalten lassen. Vor dem Servieren mit den Walnusshälften garnieren und mit dem restlichen Ahornsirup beträufeln.

Ergibt 12 Stück

- Öl oder zerlassene Butter, zum Einfetten
- 200 g Mehl
- 1 EL Backpulver
- 170 g weiche Butter
- 150 g brauner Zucker
- 3 Eier, verquirlt
- 1 TL Instant-Kaffee, aufgelöst in 1 EL heißem Wasser

80 g Walnusskerne, gehackt

4 EL Ahornsirup

Walnusshälften, zum Garnieren

3

Ingwerbrot

1. Den Backofen auf 180 °C vorheizen. Eine Kastenform (1,2 l) einfetten.

2. Mehl, Backpulver und gemahlenen Ingwer in eine große Rührschüssel sieben. Öl, Zucker, Sirup und Eier dazugeben. Die Zutaten zu einem glatten Teig rühren, dann die Ingwerpflaumen unterheben.

3. Den Teig in die vorbereitete Form füllen und die Oberfläche glatt streichen. Im vorgeheizten Ofen 60–75 Minuten backen.

4. Den Kuchen 10 Minuten in der Form abkühlen lassen, dann auf ein Kuchengitter stürzen und vollständig erkalten lassen. Vor dem Servieren mit dem Ingwersirup bestreichen und mit den Ingwerpflaumen garnieren.

Ergibt 8–10 Stück

- Öl oder zerlassene Butter, zum Einfetten
- 200 g Mehl
- 1 EL Backpulver
- 1 EL gemahlener Ingwer
- 180 ml Sonnenblumenöl
- 100 g brauner Zucker
- 80 ml Zuckerrübensirup
- 3 Eier, verquirlt
- 3 Stücke Ingwerpflaume in Sirup, abgetropft und fein gehackt, plus 2 EL Sirup aus dem Glas
- Ingwerpflaume in Sirup, in Scheiben, zum Garnieren

4

Schokoladencremekuchen

1. Den Backofen auf 180 °C vorheizen. Eine Springform (24 cm Durchmesser) einfetten und den Boden mit Backpapier auskleiden.
2. Die Schokolade mit der Milch in einen Topf geben und bei niedriger Hitze schmelzen. Den Topf vom Herd nehmen.
3. Mehl und Backpulver in eine große Rührschüssel sieben. Butter, Zucker, Eier und Vanillearoma dazugeben. Die Zutaten zu einem glatten Teig rühren, dann die geschmolzene Schokolade sorgfältig einarbeiten.
4. Den Teig in die vorbereitete Form füllen und die Oberfläche glatt streichen. Im vorgeheizten Ofen 50–60 Minuten backen.
5. Den Kuchen 10 Minuten abkühlen lassen, dann aus der Form lösen und auf einem Kuchengitter vollständig erkalten lassen. Waagerecht in zwei Böden schneiden.
6. Für die Glasur Schokolade und Butter in einen kleinen Topf geben und bei niedriger Hitze schmelzen. Den Topf vom Herd nehmen und Puderzucker, Vanillearoma und Milch unterrühren, bis eine glatte Creme entstanden ist.
7. Die Teigböden mit der Hälfte der Glasur zusammensetzen. Die Oberseite mit der restlichen Glasur bestreichen. Vor dem Servieren mit Raspelschokolade bestreuen.

Ergibt 12 Stück

- Öl oder zerlassene Butter, zum Einfetten
- 50 g Zartbitterschokolade
- 2 EL Milch
- 200 g Mehl
- 1 EL Backpulver
- 170 g weiche Butter
- 150 g brauner Zucker
- 3 Eier, verquirlt
- 1 TL Vanillearoma
- Raspelschokolade, zum Garnieren

Glasur

- 100 g Zartbitterschokolade
- 50 g weiche Butter
- 200 g Puderzucker
- 1 TL Vanillearoma
- 1 EL Milch

Marmorkuchen

1. Den Backofen auf 160 °C vorheizen. Eine beschichtete Kranzform (22 cm Durchmesser) einfetten.

2. Mehl und Backpulver in eine große Rührschüssel sieben. Butter, Zucker und Eier dazugeben. Die Zutaten zu einem glatten Teig rühren. Die Hälfte des Teiges in eine zweite Schüssel füllen.

3. Das Kakaopulver mit der Milch glatt rühren und in eine Teighälfte einarbeiten. Das Vanillearoma in die andere Hälfte rühren. Den hellen und den dunklen Teig abwechselnd esslöffelweise in die vorbereitete Form füllen. Einen Teigschaber durchziehen, um einen Marmoreffekt zu erzielen.

4. Im vorgeheizten Ofen 40–50 Minuten goldbraun backen. Den Kuchen 10 Minuten in der Form abkühlen lassen, dann auf ein Kuchengitter stürzen und vollständig erkalten lassen. Vor dem Servieren mit Puderzucker bestäuben.

Ergibt 12 Stück

- Öl oder zerlassene Butter, zum Einfetten
- 200 g Mehl
- 1 EL Backpulver
- 170 g weiche Butter
- 180 g Feinstzucker
- 3 Eier, verquirlt
- 2 EL Kakaopulver
- 2 EL Milch
- 1 TL Vanillearoma
- Puderzucker, zum Bestäuben

Bananenkuchen mit Karamellglasur

Ergibt 12 Stücke

- Öl oder zerlassene Butter, zum Einfetten
- 200 g Mehl
- 1 EL Backpulver
- 80 g weiche Butter
- 80 g saure Sahne
- 150 g brauner Zucker
- 3 Eier, verquirlt
- 1 TL Vanillearoma
- 2 reife Bananen, zerdrückt

Glasur

- 3 EL Butter
- 3 EL brauner Zucker
- 2 EL saure Sahne
- 100 g Puderzucker, gesiebt

1. Den Backofen auf 160 °C vorheizen. Eine quadratische Backform (20 cm Seitenlänge) einfetten und den Boden mit Backpapier auskleiden.
2. Mehl und Backpulver in eine große Rührschüssel sieben. Butter, saure Sahne, Zucker, Eier und Vanillearoma dazugeben. Die Zutaten zu einem glatten Teig rühren, dann die Bananen unterheben.
3. Den Teig in die vorbereitete Form füllen und die Oberfläche glatt streichen. Im vorgeheizten Ofen 60 Minuten goldbraun backen.
4. Den Kuchen 10 Minuten in der Form abkühlen lassen, dann auf ein Kuchengitter stürzen und vollständig erkalten lassen.
5. Für die Glasur Butter und Zucker in einen Topf geben und unter Rühren sanft erhitzen, bis sich der Zucker aufgelöst hat und die Mischung leicht karamellisiert ist. Den Topf vom Herd nehmen. Saure Sahne und Puderzucker unterrühren. Dann 30–40 Minuten abkühlen lassen, bis die Glasur fester und streichfähig ist.
6. Den Kuchen mit der Glasur überziehen und ein Wolkenmuster eindrücken.

Himbeerrolle

Ergibt 8 Stück

- Öl oder zerlassene Butter, zum Einfetten
- Zucker, zum Bestreuen
- 170 g Mehl
- 1½ TL Backpulver
- 170 g weiche Butter
- 180 g Feinstzucker
- 3 Eier, verquirlt
- 1 TL Vanillearoma
- 2 EL Milch
- 150 g Himbeergelee, erwärmt und glatt gerührt
- Puderzucker, zum Bestäuben

1. Den Backofen auf 180 °C vorheizen. Ein Backblech einfetten und mit Backpapier auskleiden. Einen eckigen Backrahmen auf 23 cm x 33 cm einstellen und auf das Backblech setzen. Ein sauberes Geschirrtuch auf einer Arbeitsfläche ausbreiten und mit Zucker bestreuen.

2. Mehl und Backpulver in eine große Rührschüssel sieben. Butter, Zucker, Eier und Vanillearoma dazugeben. Die Zutaten zu einem glatten Teig rühren, dann die Milch einarbeiten.

3. Den Teig in die vorbereitete Form füllen und bis in die Ecken glatt verstreichen. Im vorgeheizten Ofen 15–20 Minuten goldbraun backen.

4. Den Teig vorsichtig auf das Geschirrtuch stürzen, das Backpapier abziehen und etwas abkühlen lassen. Mit dem Gelee bestreichen und mithilfe des Tuches vorsichtig aufrollen. Das Tuch darübergeschlagen lassen, damit die Rolle ihre Form behält.

5. Die Rolle auf ein Kuchengitter heben und vollständig erkalten lassen. Vor dem Servieren mit Puderzucker bestäuben.

Dattelbrot

Ergibt 8–10 Stück

- Öl oder zerlassene Butter, zum Einfetten
- 100 g Mehl
- 1 EL Backpulver
- 1 TL Apfelkuchengewürz
- 100 g Vollkornmehl
- 170 g weiche Butter
- 180 g Feinstzucker
- 3 Eier, verquirlt
- 1 TL Vanillearoma
- 250 g entsteinte getrocknete Datteln, grob gehackt

1. Den Backofen auf 160 °C vorheizen. Eine Kastenform (1,3 l) einfetten.
2. Weißmehl, Backpulver und Apfelkuchengewürz in eine große Rührschüssel sieben und mit dem Vollkornmehl mischen. Butter, Zucker, Eier und Vanillearoma dazugeben. Die Zutaten zu einem glatten Teig rühren, dann die Datteln unterheben.
3. Den Teig in die vorbereitete Form füllen und die Oberfläche glatt streichen. Im vorgeheizten Ofen 40–50 Minuten goldbraun backen.
4. Den Kuchen 10 Minuten in der Form abkühlen lassen, dann auf ein Kuchengitter stürzen und vollständig erkalten lassen.

9

Feigen-Zitronen-Schnitten

Ergibt 8–10 Stück

- Öl oder zerlassene Butter, zum Einfetten
- 200 g getrocknete Feigen, gehackt
- 2 EL Zitronensaft
- 125 ml Wasser
- 1 EL Vollrohrzucker
- 200 g Mehl
- 2 TL Backpulver
- 1 TL Zimt
- 170 g weiche Butter
- 150 g brauner Zucker
- 3 Eier, verquirlt
- fein abgeriebene Schale von 1 Zitrone

1. Den Backofen auf 160 °C vorheizen. Eine eckige Backform (20 cm x 30 cm) einfetten.
2. Feigen, Zitronensaft, Wasser und Vollrohrzucker in einen Topf geben und zum Kochen bringen. Die Hitze reduzieren und bei geschlossenem Deckel unter gelegentlichem Rühren 5 Minuten köcheln lassen, bis die Flüssigkeit aufgesaugt ist. Den Topf vom Herd nehmen und die Feigenmasse zu einem groben Püree verarbeiten.
3. Mehl, Backpulver und Zimt in eine große Rührschüssel sieben. Butter, Zucker und Eier dazugeben. Die Zutaten zu einem glatten Teig rühren, dann die Zitronenschale einarbeiten.
4. Den Teig in die vorbereitete Form füllen, die Oberfläche glatt streichen und das Feigenpüree darauf verteilen. Im vorgeheizten Ofen 40–50 Minuten goldbraun backen.
5. Den Kuchen 20 Minuten abkühlen lassen, dann aus der Form lösen und auf einem Kuchengitter vollständig erkalten lassen.

10

Früchtekuchen

1. Den Backofen auf 160 °C vorheizen. Eine Springform (20 cm Durchmesser) einfetten und den Boden mit Backpapier auskleiden.

2. Weißmehl, Backpulver und Muskatnuss in eine große Rührschüssel sieben und das Vollkornmehl untermischen. Butter, Zucker, Eier und Vanillearoma dazugeben. Die Zutaten zu einem glatten Teig rühren, dann die Milch einarbeiten und die Trockenfrüchte unterheben.

3. Den Teig in die vorbereitete Form füllen, die Oberfläche glatt streichen und gleichmäßig mit dem Roh-Rohrzucker bestreuen. Im vorgeheizten Ofen 80–90 Minuten goldbraun backen.

4. Den Kuchen etwa 20 Minuten abkühlen lassen, dann aus der Form lösen und auf einem Kuchengitter vollständig erkalten lassen.

Ergibt 8 Stück

- Öl oder zerlassene Butter, zum Einfetten
- 200 g Mehl
- 2 TL Backpulver
- ½ TL frisch geriebene Muskatnuss
- 80 g Vollkornmehl
- 170 g weiche Butter
- 150 g brauner Zucker
- 3 Eier, verquirlt
- 1 TL Vanillearoma
- 1 EL Milch
- 270 g gemischte Trockenfrüchte
- 1 EL Roh-Rohrzucker

Gefüllter Vanillekuchen

1. Den Backofen auf 180 °C vorheizen. Zwei Springformen (20 cm Durchmesser) einfetten und den Boden mit Backpapier auskleiden.
2. Mehl und Backpulver in eine große Rührschüssel sieben. Butter, Zucker, Eier und Vanillearoma dazugeben. Die Zutaten zu einem glatten Teig rühren, dann die Milch einarbeiten.
3. Den Teig in die vorbereiteten Formen füllen und die Oberfläche glatt streichen. Im vorgeheizten Ofen 25–30 Minuten goldbraun backen. Die Kuchen 2–3 Minuten abkühlen lassen, dann aus der Form lösen und auf einem Kuchengitter vollständig erkalten lassen.
4. Für die Füllung Butter, Puderzucker und Vanillearoma glatt rühren. Einen Teigboden mit der Creme, den anderen mit der Konfitüre bestreichen. Die Teigböden so zusammensetzen, dass die Füllung in der Mitte ist, dann leicht andrücken.
5. Vor dem Servieren mit Puderzucker bestäuben.

Ergibt 8 Stück

- Öl oder zerlassene Butter, zum Einfetten
- 200 g Mehl
- 1 EL Backpulver
- 170 g weiche Butter
- 180 g Feinstzucker
- 3 Eier, verquirlt
- 1 TL Vanillearoma
- 2 EL Milch

Füllung

50 g weiche Butter

100 g Puderzucker, plus etwas mehr zum Bestäuben

½ TL Vanillearoma

3 EL Erdbeerkonfitüre

12

Rüblikuchen mit Orangenglasur

1. Den Backofen auf 160 °C vorheizen. Eine Springform (24 cm Durchmesser) einfetten und den Boden mit Backpapier auskleiden.
2. Mehl, Backpulver, Zimt und Ingwer in eine große Rührschüssel sieben. Butter, Zucker und Eier dazugeben. Die Zutaten zu einem glatten Teig rühren, dann den Orangensaft einarbeiten sowie Karotten und gehackte Pekannüsse unterheben.
3. Den Teig in die vorbereitete Form füllen und die Oberfläche glatt streichen. Im vorgeheizten Ofen 60–70 Minuten goldbraun backen.
4. Den Kuchen 10 Minuten abkühlen lassen, dann aus der Form lösen und auf einem Kuchengitter vollständig erkalten lassen.
5. Für die Glasur alle Zutaten in einer Schüssel glatt rühren. Falls die Masse zu dick ist, noch etwas Orangensaft einarbeiten. Auf dem Kuchen verstreichen und mit Pekannusshälften garnieren.

Ergibt 12 Stück

- Öl oder zerlassene Butter, zum Einfetten
- 200 g Mehl
- 1 EL Backpulver
- 1 TL Zimt
- ½ TL gemahlener Ingwer
- 170 g weiche Butter
- 150 g brauner Zucker
- 3 Eier, verquirlt
- 2 EL Orangensaft
- 2 große Karotten, gerieben
- 60 g Pekannusskerne, gehackt
- Pekannusshälften, zum Garnieren

Glasur

- 50 g Doppelrahmfrischkäse
- 250 g Puderzucker, gesiebt
- fein abgeriebene Schale von 1 Orange
- 1 EL Orangensaft (bei Bedarf etwas mehr)

13

Honig-Mohn-Kuchen

1. Den Backofen auf 160 °C vorheizen. Eine beschichtete Kranzform (22 cm Durchmesser) einfetten.
2. Mehl und Backpulver in eine große Rührschüssel sieben. Butter, Zucker, 4 Esslöffel Honig, Eier und Vanillearoma dazugeben. Die Zutaten zu einem glatten Teig rühren, dann den Zitronensaft einarbeiten und den Mohn unterheben.
3. Den Teig in die vorbereitete Form füllen und die Oberfläche glatt streichen. Im vorgeheizten Ofen 40–50 Minuten goldbraun backen.
4. Den Kuchen 20 Minuten in der Form abkühlen lassen, dann auf ein Kuchengitter stürzen und vollständig erkalten lassen. Vor dem Servieren den restlichen Honig erwärmen und über den Kuchen träufeln.

Ergibt 12 Stück

- Öl oder zerlassene Butter, zum Einfetten
- 200 g Mehl
- 1 EL Backpulver
- 170 g weiche Butter
- 120 g Feinstzucker
- 6 EL Honig
- 3 Eier, verquirlt
- 1 TL Vanillearoma
- 2 EL Zitronensaft
- 2 EL Mohnsamen

14

Getränkter Zitronenkuchen

1. Den Backofen auf 180 °C vorheizen. Eine Kastenform (1,2 l) einfetten.

2. Mehl und Backpulver in eine große Rührschüssel sieben. Butter, Zucker, Eier und Eigelb dazugeben. Die Zutaten zu einem glatten Teig rühren, dann Zitronenschale und -saft einarbeiten.

3. Den Teig in die vorbereitete Form füllen und die Oberfläche glatt streichen. Im vorgeheizten Ofen 40–50 Minuten goldbraun backen. Den Kuchen in der Form auf ein Kuchengitter stellen.

4. Für den Sirup Puderzucker und Zitronensaft in einen Topf geben und unter Rühren erhitzen (nicht kochen!), bis sich der Zucker aufgelöst hat.

5. Den Kuchen mehrmals mit einem Holzspieß einstechen und mit dem Sirup tränken. Vollständig in der Form erkalten lassen. Aus der Form lösen und auf eine Kuchenplatte setzen. Mit den Zitronenzesten garnieren.

Ergibt 8–10 Stück

- Öl oder zerlassene Butter, zum Einfetten
- 200 g Mehl
- 1 EL Backpulver
- 170 g weiche Butter
- 180 g Feinstzucker
- 3 Eier, verquirlt
- 1 Eigelb
- fein abgeriebene Schale von 1 Zitrone
- 2 EL Zitronensaft
- Zitronenzesten, zum Garnieren

Sirup

- 100 g Puderzucker, gesiebt
- 3 EL Zitronensaft

15

Haselnussschnitten

1. Den Backofen auf 160 °C vorheizen. Eine eckige Backform (20 cm x 30 cm) einfetten und den Boden mit Backpapier auskleiden.

2. Mehl und Backpulver in eine große Rührschüssel sieben. Butter, Zucker, Eier, Vanillearoma und Nussnougatcreme dazugeben. Die Zutaten zu einem glatten Teig rühren, dann die Haselnüsse unterheben.

3. Den Teig in die vorbereitete Form füllen und die Oberfläche glatt streichen. Für den Belag Mehl und Nussnougatcreme zu Krümeln verarbeiten. Dann Vollrohrzucker und Haselnüsse einarbeiten. Gleichmäßig auf dem Kuchen verteilen.

4. Im vorgeheizten Ofen 40–50 Minuten backen. Den Kuchen vollständig in der Form erkalten lassen.

Ergibt 12 Stück

- Öl oder zerlassene Butter, zum Einfetten
- 200 g Mehl
- 2 TL Backpulver
- 120 g weiche Butter
- 150 g brauner Zucker
- 3 Eier, verquirlt
- 1 TL Vanillearoma
- 3 EL Nussnougatcreme
- 60 g Haselnüsse, gehackt

Belag

- 50 g Mehl
- 3 EL Nussnougatcreme
- 2 EL Vollrohrzucker
- 40 g Haselnüsse, gehackt

Apfeltorte

Ergibt 8 Stück

- Öl oder zerlassene Butter, zum Einfetten
- 200 g Mehl
- 1 EL Speisestärke
- 1 EL Backpulver
- 170 g weiche Butter
- 180 g Feinstzucker, plus etwas mehr zum Bestreuen
- 3 Eier, verquirlt
- 1 TL Vanillearoma
- 200 ml dickes Apfelkompott
- 1 Apfel
- Zitronensaft, zum Bestreichen

1. Den Backofen auf 180 °C vorheizen. Zwei Springformen (20 cm Durchmesser) einfetten und den Boden mit Backpapier auskleiden.
2. Mehl, Speisestärke und Backpulver in eine große Rührschüssel sieben. Butter, Zucker, Eier und Vanillearoma dazugeben. Die Zutaten zu einem glatten Teig rühren, dann ein Drittel des Apfelkompotts unterheben.
3. Den Teig in die vorbereiteten Formen füllen und die Oberfläche glatt streichen. Im vorgeheizten Ofen 25–30 Minuten goldbraun backen.
4. Die Kuchen 5 Minuten abkühlen lassen, dann aus der Form lösen und auf einem Kuchengitter vollständig erkalten lassen. Die Teigböden mit dem restlichen Apfelkompott zusammensetzen.
5. Den Apfel entkernen, in feine Scheiben schneiden und mit Zitronensaft bestreichen. Dekorativ auf der Torte anrichten und mit etwas Zucker bestreuen.

17

Pflaumen-Walnuss-Schnitten

1. Den Backofen auf 160 °C vorheizen. Eine quadratische Backform (20 cm Seitenlänge) einfetten und den Boden mit Backpapier auskleiden.

2. Pflaumen und Apfelsaft in einen Topf geben und zum Kochen bringen. Die Hitze reduzieren und 8–10 Minuten köcheln lassen, bis der Saft absorbiert ist. Die Pflaumen im Mixer oder mit dem Pürierstab zu einem glatten dicken Püree verarbeiten.

3. Mehl und Backpulver in eine große Rührschüssel sieben. Butter, Zucker, Eier und Vanillearoma dazugeben. Die Zutaten zu einem glatten Teig rühren. 2 Esslöffel Walnüsse beiseitelegen. Restliche Walnüsse unter den Teig heben.

4. Den Teig in die vorbereitete Form füllen und das Pflaumenpüree esslöffelweise daraufsetzen. Mit einem Messer unter den Teig ziehen und die Oberfläche glatt streichen. Mit den restlichen Walnüssen bestreuen.

5. Im vorgeheizten Ofen 60–70 Minuten goldbraun backen. Den Kuchen 10 Minuten abkühlen lassen, dann aus der Form heben und auf einem Kuchengitter vollständig erkalten lassen.

Ergibt 12 Stück

- Öl oder zerlassene Butter, zum Einfetten
- 250 g Pflaumen, entsteint
- 150 ml Apfelsaft
- 225 g Mehl
- 2 TL Backpulver
- 170 g weiche Butter
- 180 g Feinstzucker
- 3 Eier, verquirlt
- 1 TL Vanillearoma
- 70 g Walnusskerne, grob gehackt

18

Kokos-Lamingtons

Ergibt 16 Stück

- Öl oder zerlassene Butter, zum Einfetten
- 200 g Mehl
- 1 EL Backpulver
- 170 g weiche Butter
- 180 g Feinstzucker
- 3 Eier, verquirlt
- 1 TL Vanillearoma
- 2 EL Milch
- 2 EL Kokosraspel

Glasur

500 g Puderzucker, gesiebt
40 g Kakaopulver
80 ml kochendes Wasser
5 EL Butter, zerlassen
300 g Kokosraspel

1. Den Backofen auf 180 °C vorheizen. Eine quadratische Backform (24 cm Seitenlänge) einfetten und den Boden mit Backpapier auskleiden.
2. Mehl und Backpulver in eine große Rührschüssel sieben. Butter, Zucker, Eier und Vanillearoma dazugeben. Die Zutaten zu einem glatten Teig rühren, dann die Milch einarbeiten und die Kokosraspel unterheben.
3. Den Teig in die vorbereitete Form füllen und die Oberfläche glatt streichen. Im vorgeheizten Ofen 30–35 Minuten goldbraun backen.
4. Den Kuchen 10 Minuten abkühlen lassen, dann auf ein Kuchengitter stürzen und vollständig erkalten lassen. In 16 Würfel schneiden.
5. Für die Glasur Puderzucker und Kakaopulver in eine Schüssel sieben. Mit Wasser und Butter glatt rühren. Die Kokosraspel in einen tiefen Teller füllen. Die Kuchenwürfel mithilfe von zwei Gabeln in die Glasur tauchen, bis sie gleichmäßig überzogen sind. Dann in den Kokosraspeln wenden.
6. Auf ein Stück Backpapier setzen und fest werden lassen.

19

Knusperriegel

1. Den Backofen auf 180 °C vorheizen. Eine quadratische Backform (24 cm Seitenlänge) einfetten und den Boden mit Backpapier auskleiden.

2. Mehl und Backpulver in eine große Rührschüssel sieben. Butter, Zucker, Eier und Vanillearoma dazugeben. Die Zutaten zu einem glatten Teig rühren, dann etwa zwei Drittel der Nüsse und der Belegkirschen unterheben.

3. Den Teig in die vorbereitete Form füllen und die Oberfläche glatt streichen. Die restlichen Nüsse und Belegkirschen und die Marshmallows darauf verteilen und leicht in den Teig drücken.

4. Im vorgeheizten Ofen 40–50 Minuten goldbraun backen.

5. Den Kuchen etwa 20 Minuten abkühlen lassen. In Rechtecke schneiden und auf einem Kuchengitter vollständig erkalten lassen.

Ergibt 8 Stück

- Öl oder zerlassene Butter, zum Einfetten
- 200 g Mehl
- 1 EL Backpulver
- 170 g weiche Butter
- 180 g Feinstzucker
- 3 Eier, verquirlt
- 1 TL Vanillearoma

50 g gemischte Nusskerne, gehackt

80 g Belegkirschen, gehackt

30 g Mini-Marshmallows

20

Mandel-Kirsch-Schnitten

1. Den Backofen auf 190 °C vorheizen. Eine eckige Backform (18 cm x 28 cm) einfetten und den Boden mit Backpapier auskleiden.

2. Mehl und Backpulver in eine große Rührschüssel sieben. Butter, Zucker, Eier und Bittermandelaroma dazugeben. Die Zutaten zu einem glatten Teig rühren, dann Zitronenschale, gemahlene Mandeln und die Hälfte der Belegkirschen unterheben.

3. Den Teig in die vorbereitete Form füllen und die Oberfläche glatt streichen. Mit den restlichen Belegkirschen und den Mandelblättchen bestreuen.

4. Im vorgeheizten Ofen 40–50 Minuten goldbraun backen. Den Kuchen vollständig in der Form erkalten lassen.

Ergibt 8 Stück

- Öl oder zerlassene Butter, zum Einfetten
- 125 g Mehl
- 2 TL Backpulver
- 170 g weiche Butter
- 180 g Feinstzucker
- 3 Eier, verquirlt
- 1 TL Bittermandelaroma
- fein abgeriebene Schale von 1 Zitrone
- 100 g gemahlene Mandeln
- 150 g Belegkirschen, gehackt
- 30 g Mandelblättchen

Für besondere Anlässe

21

Valentinsherz

Ergibt 12 Stück

- Öl oder zerlassene Butter, zum Einfetten
- 200 g Mehl
- 1 EL Backpulver
- 170 g weiche Butter
- 180 g Feinstzucker
- 3 Eier, verquirlt
- 1 TL Vanillearoma
- 25 g weiße Raspelschokolade
- 2 EL weißer Rum (nach Belieben)
- kandierte Veilchen, zum Garnieren

Glasur

- 200 g weiße Schokolade
- 2 EL Milch
- 220 g Sahne

1. Den Backofen auf 160 °C vorheizen. Eine Herzbackform (22 cm Durchmesser) einfetten.
2. Mehl und Backpulver in eine große Rührschüssel sieben. Butter, Zucker, Eier und Vanillearoma dazugeben. Die Zutaten zu einem glatten Teig rühren, dann die Raspelschokolade unterheben.
3. Den Teig in die vorbereitete Form füllen und die Oberfläche glatt streichen. Im vorgeheizten Ofen 45–55 Minuten goldbraun backen. Den Kuchen 10 Minuten in der Form abkühlen lassen, dann auf ein Kuchengitter stürzen und vollständig erkalten lassen.
4. Für die Glasur die Schokolade mit der Milch in eine hitzebeständige Schüssel geben und im Wasserbad schmelzen. Die Schüssel aus dem Wasserbad nehmen und die Schokolade glatt rühren, dann 10 Minuten abkühlen lassen. Die Sahne steif schlagen und unter die Schokolade ziehen.
5. Den Kuchen nach Belieben mit Rum tränken und mit der Glasur überziehen. Dabei ein dekoratives Wolkenmuster eindrücken. Mit kandierten Veilchen garnieren.

22

Halloween-Torte

1. Den Backofen auf 160 °C vorheizen. Eine Springform (24 cm Durchmesser) einfetten und den Boden mit Backpapier auskleiden.

2. Mehl, Backpulver und Lebkuchengewürz in eine große Rührschüssel sieben. Butter, Zucker, Eier und Vanillearoma dazugeben. Die Zutaten zu einem glatten Teig rühren, dann das Kürbisfruchtfleisch unterheben.

3. Den Teig in die vorbereitete Form füllen und die Oberfläche glatt streichen. Im vorgeheizten Ofen 40–50 Minuten goldbraun backen. Den Kuchen 10 Minuten abkühlen lassen, dann aus der Form lösen und auf einem Kuchengitter vollständig erkalten lassen.

4. Den Kuchen mit der warmen Aprikosenkonfitüre bestreichen. Etwas rote und gelbe Speisefarbe mit drei Viertel des Fondants verkneten, um ihn orange zu färben. Den Fondant ausrollen und Oberfläche und Seiten des Kuchens damit bedecken. Überstehenden Fondant abschneiden.

5. Aus den Resten kleine Kürbisse formen und mit schwarzer Zuckerschrift Gesichter aufmalen. Mit grüner Zuckerschrift den Stielansatz aufmalen. Den restlichen Fondant schwarz färben, ausrollen und Fledermäuse ausschneiden. Mit gelber Zuckerschrift Augen auftupfen. Den Kuchen damit garnieren.

Ergibt 12 Stück

- Öl oder zerlassene Butter, zum Einfetten
- 200 g Mehl
- 1 EL Backpulver
- 1 TL Lebkuchengewürz
- 170 g weiche Butter
- 150 g brauner Zucker
- 3 Eier, verquirlt
- 1 TL Vanillearoma
- 225 g Kürbisfruchtfleisch, geraspelt

Garnierung

- 3 EL Aprikosenkonfitüre, erwärmt
- rote, gelbe und schwarze Speisefarbe
- 800 g Rollfondant (Fertigprodukt)
- schwarze, grüne und gelbe Zuckerschrift

23

Geburtstagskuchen

1. Den Backofen auf 160 °C vorheizen. Eine Zahlenbackform (25 cm x 18 cm) einfetten oder einen Zahlenbackrahmen auf ein mit Backpapier ausgekleidetes Backblech setzen.
2. Mehl und Backpulver in eine große Rührschüssel sieben. Butter, Zucker, Eier und Vanillearoma dazugeben. Die Zutaten zu einem glatten Teig rühren, dann Orangensaft und -schale einarbeiten.
3. Den Teig in die vorbereitete Form füllen und die Oberfläche glatt streichen. Im vorgeheizten Ofen 40–50 Minuten goldbraun backen. Den Kuchen 5 Minuten abkühlen lassen, dann aus der Form lösen und auf einem Kuchengitter vollständig erkalten lassen.
4. Für die Glasur Puderzucker, Butter, Orangenschale und -saft glatt rühren und den Kuchen damit überziehen. Mit Geleeorangen und Geburtstagskerzen garnieren.

Ergibt 10–12 Stück

- Öl oder zerlassene Butter, zum Einfetten
- 200 g Mehl
- 1 EL Backpulver
- 170 g weiche Butter
- 180 g Feinstzucker
- 3 Eier, verquirlt
- 1 TL Vanillearoma
- 2 EL Orangensaft

fein abgeriebene Schale von einer ½ Orange

kleine Geleeorangen, halbiert, und Geburtstagskerzen, zum Garnieren

Glasur

300 g Puderzucker, gesiebt

170 g weiche Butter

fein abgeriebene Schale von einer ½ Orange

1 EL Orangensaft

24

Bienenkorb

1. Den Backofen auf 160 °C vorheizen. Eine ofenfeste Schüssel (1,6 l) einfetten.
2. Mehl und Backpulver in eine große Rührschüssel sieben. Butter, Zucker, Eier und Vanillearoma dazugeben. Die Zutaten zu einem glatten Teig rühren, dann Zitronensaft und -schale einarbeiten.
3. Den Teig in die vorbereitete Form füllen und die Oberfläche glatt streichen. Im vorgeheizten Ofen 75–90 Minuten goldbraun backen. Den Kuchen 5 Minuten in der Form abkühlen lassen, dann auf ein Kuchengitter stürzen und vollständig erkalten lassen.
4. Für die Glasur Butter, Puderzucker, Honig und Zitronensaft glatt rühren. Den Kuchen waagerecht in drei Böden schneiden und mit etwa einem Viertel der Creme wieder zusammensetzen.
5. Die restliche Creme in einen Spritzbeutel mit glatter Tülle füllen und spiralförmig auf den Kuchen spritzen.
6. Ein Viertel des Fondants beiseitelegen. Jeweils die Hälfte des restlichen Fondants gelb und schwarz färben und kleine Bienen daraus formen. Aus dem ungefärbten Fondant Flügel formen und mit einem Tropfen Wasser auf die Bienen kleben. Die Bienen vorsichtig in die Glasur drücken.

Ergibt 10–12 Stück

- Öl oder zerlassene Butter, zum Einfetten
- 270 g Mehl
- 1 EL Backpulver
- 170 g weiche Butter
- 180 g Feinstzucker
- 3 Eier, verquirlt
- 1 TL Vanillearoma
- 2 EL Zitronensaft
- fein abgeriebene Schale von 1 Zitrone

Glasur

- 170 g Butter
- 250 g Puderzucker, gesiebt
- 3 EL Honig
- 2 EL Zitronensaft

Garnierung

- 250 g weißer Rollfondant
- gelbe und schwarze Speisefarbe

25

Schokoladen-Rum-Torte

1. Den Backofen auf 180 °C vorheizen. Drei Backformen (18 cm Durchmesser) einfetten und den Boden mit Backpapier auskleiden.
2. Schokolade und Milch in einen kleinen Topf geben und bei kleiner Hitze schmelzen (nicht kochen!). Die Masse glatt rühren und den Topf vom Herd nehmen.
3. Mehl und Backpulver in eine große Rührschüssel sieben. Butter, Zucker, Eier und Vanillearoma dazugeben. Die Zutaten zu einem glatten Teig rühren, dann die geschmolzene Schokolade unterheben.
4. Den Teig in die Formen füllen und die Oberfläche glatt streichen. Im vorgeheizten Ofen 20–25 Minuten backen.
5. Die Kuchen 5 Minuten in der Form abkühlen lassen, dann auf ein Kuchengitter stürzen und vollständig erkalten lassen.
6. Für die Ganache die Schokolade mit Sahne und Rum in einen Topf geben und bei kleiner Hitze schmelzen. Den Topf vom Herd nehmen und die Masse unter gelegentlichem Rühren abkühlen lassen, bis sie streichfähig ist.
7. Die Teigböden mit etwa einem Drittel der Ganache zusammensetzen und mit der restlichen Creme überziehen. Dabei ein Wolkenmuster eindrücken. Mit der Raspelschokolade bestreuen und fest werden lassen.

Ergibt 8 Stück

- Öl oder zerlassene Butter, zum Einfetten

70 g Zartbitterschokolade

- 2 EL Milch
- 200 g Mehl
- 1 EL Backpulver
- 170 g weiche Butter
- 150 g brauner Zucker
- 3 Eier, verquirlt
- 1 TL Vanillearoma

Raspelschokolade oder geriebene Schokolade, zum Garnieren

Ganache

225 g Zartbitterschokolade

250 g Sahne

2 EL brauner Rum

26

Orangen-Mascarpone-Torte

1. Den Backofen auf 180 °C vorheizen. Zwei Springformen (24 cm Durchmesser) einfetten und den Boden mit Backpapier auskleiden.
2. Mehl und Backpulver in eine große Rührschüssel sieben. Butter, Zucker, Eier und Orangenblütenwasser dazugeben. Die Zutaten zu einem glatten Teig rühren, dann den Orangensaft einarbeiten.
3. Den Teig in die vorbereiteten Formen füllen und die Oberfläche glatt streichen. Im vorgeheizten Ofen 25–30 Minuten goldbraun backen. Die Kuchen 5 Minuten abkühlen lassen, dann aus der Form lösen und auf einem Kuchengitter vollständig erkalten lassen.
4. Für die Creme alle Zutaten glatt rühren. Etwa ein Drittel der Creme auf einen Teigboden streichen. Die restliche Creme in einen Spritzbeutel mit Sterntülle füllen und einen Wellenrand auf den Teigboden aufspritzen.
5. Den zweiten Teigboden daraufsetzen und ebenfalls einen Wellenrand aufspritzen. Die Orangenscheiben in der Mitte anrichten und mit dem Ahornsirup bestreichen.

Ergibt 12 Stück

- Öl oder zerlassene Butter, zum Einfetten
- 200 g Mehl
- 1 EL Backpulver
- 170 g weiche Butter
- 180 g Feinstzucker
- 3 Eier, verquirlt
- 1 TL Orangenblütenwasser
- 2 EL Orangensaft

Mascarponecreme

670 g Mascarpone

fein abgeriebene Schale von 1 Orange

4 EL Orangensaft

50 g Puderzucker, gesiebt

1 TL Orangenblütenwasser

Garnierung

1 Orange, großzügig geschält und in Scheiben geschnitten

Ahornsirup, zum Bestreichen

27

Geburtstagstorte

Ergibt 8 Stück

- Öl oder zerlassene Butter, zum Einfetten
- 200 g Mehl
- 1 EL Backpulver
- 170 g weiche Butter
- 180 g Feinstzucker
- 3 Eier, verquirlt
- 1 TL Vanillearoma
- 2 EL Milch

bunter Kuchendekor und Geburtstagskerzen, zum Garnieren

Füllung und Überzug

5 EL Aprikosenkonfitüre

1 EL Zitronensaft

500 g Rollfondant

1. Den Backofen auf 160 °C vorheizen. Eine quadratische Backform (20 cm Seitenlänge) einfetten.
2. Mehl und Backpulver in eine große Rührschüssel sieben. Butter, Zucker, Eier und Vanillearoma dazugeben. Die Zutaten zu einem glatten Teig rühren, dann die Milch einarbeiten.
3. Den Teig in die vorbereitete Form füllen und die Oberfläche glatt streichen. Im vorgeheizten Ofen 25–30 Minuten goldbraun backen. Den Kuchen 2–3 Minuten in der Form abkühlen lassen, dann auf ein Kuchengitter stürzen und vollständig erkalten lassen. Anschließend waagerecht in zwei Teigböden schneiden.
4. Die Konfitüre erwärmen und mit dem Zitronensaft glatt rühren. Die Teigböden mit der Hälfte der Konfitüre wieder zusammensetzen. Seiten und Oberfläche mit der restlichen Konfitüre bestreichen.
5. Den Fondant ausrollen. Den Kuchen damit bedecken und an allen Seiten leicht andrücken. Überstehenden Fondant abschneiden. Mit Dekorelementen und Kerzen verzieren.

28

Himbeer-Mandel-Kranz

1. Den Backofen auf 160 °C vorheizen. Eine beschichtete Kranzform (22 cm Durchmesser) einfetten.
2. Mehl und Backpulver in eine große Rührschüssel sieben. Butter, Zucker, Eier und Bittermandelaroma dazugeben. Die Zutaten zu einem glatten Teig rühren, dann die Mandeln unterheben. Die Hälfte der Himbeeren mit einer Gabel zerdrücken und ebenfalls unter den Teig heben.
3. Den Teig in die vorbereitete Form füllen und die Oberfläche glatt streichen. Im vorgeheizten Ofen 40–45 Minuten goldbraun backen.
4. Den Kuchen 10 Minuten in der Form abkühlen lassen, dann auf ein Kuchengitter stürzen und vollständig erkalten lassen.
5. Für die Baiserhaube Eiweiß, Puderzucker, Sirup und Backpulver in eine Schüssel geben und im Wasserbad mit einem elektrischen Handrührer kräftig schlagen, bis die Masse fest geworden ist.
6. Die Baisermasse rasch auf dem Kuchen auftragen. Mit den restlichen Himbeeren und den Mandelblättchen garnieren.

Ergibt 12 Stück

- Öl oder zerlassene Butter, zum Einfetten
- 200 g Mehl
- 1 EL Backpulver
- 170 g weiche Butter
- 180 g Feinstzucker
- 3 Eier, verquirlt
- 1 TL Bittermandelaroma

80 g gemahlene Mandeln
330 g Himbeeren
geröstete Mandelblättchen, zum Garnieren

Baiserhaube

1 Eiweiß (Größe XL)
150 g Puderzucker, gesiebt
1 EL Zuckerrübensirup
¼ TL Weinsteinbackpulver

29

Nusskuchen mit kandierten Früchten

1. Den Backofen auf 160 °C vorheizen. Eine Springform (24 cm Durchmesser) einfetten, den Boden mit Backpapier auskleiden und die Form mit Mehl bestäuben. Überschüssiges Mehl ausklopfen.

2. Mehl, Backpulver und Apfelkuchengewürz in eine große Rührschüssel sieben. Butter, Zucker, Eier und Vanillearoma dazugeben. Die Zutaten zu einem glatten Teig rühren, dann die Milch einarbeiten. Trockenfrüchte und Nüsse unterheben.

3. Den Teig in die vorbereitete Form füllen und die Oberfläche glatt streichen. Im vorgeheizten Ofen etwa 60 Minuten goldbraun backen.

4. Den Kuchen 30 Minuten abkühlen lassen, dann aus der Form lösen und auf einem Kuchengitter vollständig erkalten lassen.

5. Die Oberseite des Kuchens mit etwas Honig bestreichen. Kandierte Früchte und Nüsse darauf verteilen. Mit dem restlichen Honig bestreichen und trocknen lassen.

Ergibt 12 Stück

- Öl oder zerlassene Butter, zum Einfetten
- 280 g Mehl, plus etwas mehr zum Bestäuben
- 1 EL Backpulver
- 1 TL Apfelkuchengewürz
- 170 g weiche Butter
- 150 g brauner Zucker
- 3 Eier, verquirlt
- 1 TL Vanillearoma
- 2 EL Milch
- 300 g gemischte Trockenfrüchte, klein gewürfelt
- 100 g gemischte Nüsse, grob gehackt

Garnierung

- 3 EL Honig, erwärmt
- 225 g gemischte kandierte Früchte, z. B. Ananas, Kirschen und Orangen
- 75 g ganze Nusskerne, z. B. Paranüsse, Mandeln und Walnüsse

30

Rosentorte

1. Den Backofen auf 180 °C vorheizen. Zwei Springformen (24 cm Durchmesser) einfetten und den Boden mit Backpapier auskleiden.

2. Mehl und Backpulver in eine große Rührschüssel sieben. Butter, Zucker, Eier und Rosenwasser dazugeben. Die Zutaten zu einem glatten Teig rühren, dann die Milch einarbeiten.

3. Den Teig in die vorbereiteten Formen füllen und die Oberfläche glatt streichen. Im vorgeheizten Ofen 25–30 Minuten goldbraun backen. Die Kuchen 2–3 Minuten abkühlen lassen, dann aus der Form lösen und auf einem Kuchengitter vollständig erkalten lassen.

4. Für die Füllung die Sahne mit einem ½ Teelöffel Rosenwasser steif schlagen und die Teigböden damit zusammensetzen.

5. Für die Glasur den Puderzucker mit dem restlichen Rosenwasser und so viel kaltem Wasser verrühren, dass ein dickflüssiger Zuckerguss entsteht. Über die Torte gießen und an den Seiten herablaufen lassen. Fest werden lassen.

6. Die Rosenblätter mit Eiweiß bestreichen und im Zucker wenden. Trocknen lassen und die Torte vor dem Servieren damit garnieren.

Ergibt 12 Stück

- Öl oder zerlassene Butter, zum Einfetten
- 200 g Mehl
- 1 EL Backpulver
- 170 g weiche Butter
- 180 g Feinstzucker
- 3 Eier, verquirlt
- 1 TL Rosenwasser
- 2 EL Milch

Füllung und Glasur

150 g Sahne

1 TL Rosenwasser

200 g Puderzucker, gesiebt

Garnierung

ungespritzte Rosenblätter, abgespült und trocken getupft

1 kleines Eiweiß

Feinstzucker, zum Bestreuen

31

Weihnachtskuchen

Ergibt 8 Stück

- Öl oder zerlassene Butter, zum Einfetten
- 200 g Mehl
- 1 EL Backpulver
- 1 TL Apfelkuchengewürz
- 170 g weiche Butter
- 150 g brauner Zucker
- 3 Eier, verquirlt
- 1 TL Vanillearoma
- fein abgeriebene Schale von 1 Orange
- 2 EL Orangensaft

Sirup

70 g Puderzucker

120 ml Port- oder Rotwein

1 Stück Sternanis

Garnierung

10 frische Cranberrys

10 frische Lorbeerblätter

1 Eiweiß

3 EL Feinstzucker

1. Den Backofen auf 180 °C vorheizen. Eine Kastenform (1,2 l) einfetten.
2. Mehl, Backpulver und Apfelkuchengewürz in eine große Rührschüssel sieben. Butter, Zucker, Eier und Vanillearoma dazugeben. Die Zutaten zu einem glatten Teig rühren, dann Orangenschale und -saft einarbeiten.
3. Den Teig in die vorbereitete Form füllen und die Oberfläche glatt streichen. Im vorgeheizten Ofen 40–50 Minuten goldbraun backen. Der Kuchen kann in der Mitte etwas einsinken.
4. Den Kuchen in der Form auf ein Kuchengitter setzen. Für den Sirup Puderzucker, Wein und Sternanis in einen Topf geben und bei kleiner Hitze zum Kochen bringen, dann 2–3 Minuten sprudelnd kochen lassen, bis die Masse etwas eindickt. Den Sternanis entfernen.
5. Den Kuchen mit dem Sirup tränken und 30 Minuten ziehen lassen. Dann aus der Form stürzen.
6. Cranberrys und Lorbeerblätter mit Eiweiß bestreichen und im Zucker wenden. Trocknen lassen und dekorativ auf dem Kuchen anrichten.

32

Torte zur Silberhochzeit

Ergibt 12 Stück

- Öl oder zerlassene Butter, zum Einfetten
- 200 g Mehl
- 1 EL Backpulver
- 170 g weiche Butter
- 180 g Feinstzucker
- 3 Eier, verquirlt
- 1 TL Vanillearoma
- 2 EL Milch

2 EL Sherry Medium Dry

silberne Zuckerperlen, zum Garnieren

Glasur

250 g Mascarpone

3 EL Sahne

250 g Puderzucker, gesiebt, bei Bedarf etwas mehr

1. Den Backofen auf 180 °C vorheizen. Zwei Springformen (18 cm und 24 cm Durchmesser) einfetten und den Boden mit Backpapier auskleiden.

2. Mehl und Backpulver in eine große Rührschüssel sieben. Butter, Zucker, Eier und Vanillearoma dazugeben. Die Zutaten zu einem glatten Teig rühren, dann die Milch einarbeiten.

3. Den Teig in die vorbereiteten Formen füllen und die Oberfläche glatt streichen. Im vorgeheizten Ofen den kleinen Kuchen 20–25 Minuten, den großen Kuchen 25–30 Minuten goldbraun backen.

4. Die Kuchen 2–3 Minuten abkühlen lassen, dann aus der Form lösen und auf ein Kuchengitter setzen. Mehrmals mit einem Holzspieß einstechen und mit dem Sherry tränken.

5. Für die Glasur Mascarpone, Sahne und Puderzucker glatt und cremig rühren. Falls nötig, etwas mehr Puderzucker einarbeiten. Etwas Glasur auf die Mitte des großen Kuchens streichen. Den kleinen mittig daraufsetzen und leicht andrücken.

6. Mit der restlichen Glasur überziehen und dabei ein Wolkenmuster eindrücken. Mit den Zuckerperlen garnieren.

33

Osterkuchen

1. Den Backofen auf 160 °C vorheizen. Eine quadratische Backform (24 cm Seitenlänge) einfetten und den Boden mit Backpapier auskleiden.

2. Mehl, Backpulver und Apfelkuchengewürz in eine Schüssel sieben. Butter, Zucker, Eier und Bittermandelaroma dazugeben. Die Zutaten zu einem glatten Teig rühren, dann die Milch einarbeiten. Mandeln und Trockenfürchte unterheben.

3. Den Teig in die Form füllen und die Oberfläche glatt streichen. 60–75 Minuten goldbraun backen.

4. Den Kuchen 30 Minuten in der Form abkühlen lassen, dann auf ein Kuchengitter stürzen und vollständig erkalten lassen.

5. Den Kuchen mit der Aprikosenkonfitüre bestreichen. Etwa die Hälfte der Marzipanrohmasse ausrollen und die Oberseite des Kuchens damit bedecken. Die Marzipandecke vorsichtig andrücken und überstehendes Marzipan abschneiden. Mit einem Messer ein Rautenmuster in die Oberseite einritzen.

6. Das restliche Marzipan in 12 dünne, etwa 25 cm lange Stränge rollen und zu vier Zöpfen flechten. Die Zöpfe auf die Kuchenränder legen und überstehende Enden kürzen.

7. Den Grill des Backofens vorheizen. Die Marzipandecke mit Eiweiß bestreichen und den Kuchen 3–4 Minuten goldbraun grillen. Vor dem Servieren abkühlen lassen.

Ergibt 16 Stück

- Öl oder zerlassene Butter, zum Einfetten
- 250 g Mehl
- 2½ TL Backpulver
- 1 TL Apfelkuchengewürz
- 170 g weiche Butter
- 150 g brauner Zucker
- 3 Eier, verquirlt
- 1 TL Bittermandelaroma
- 2 EL Milch
- 80 g gemahlene Mandeln
- 350 g gemischte Trockenfrüchte, klein gewürfelt

Garnierung

- 2 EL Aprikosenkonfitüre, erwärmt
- 900 g Marzipanrohmasse
- Eiweiß, zum Bestreichen

34

Walnusstorte

1. Den Backofen auf 180 °C vorheizen. Zwei Springformen (20 cm Durchmesser) einfetten und den Boden mit Backpapier auskleiden.

2. Mehl und Backpulver in eine große Rührschüssel sieben. Butter, Zucker, Eier und Vanillearoma dazugeben. Die Zutaten zu einem glatten Teig rühren, dann die Milch einarbeiten und ein Drittel der Walnüsse unterheben.

3. Den Teig in die vorbereiteten Formen füllen und die Oberfläche glatt streichen. Im vorgeheizten Ofen 25–30 Minuten goldbraun backen.

4. Die Kuchen 2–3 Minuten abkühlen lassen, dann aus der Form lösen und auf einem Kuchengitter vollständig erkalten lassen. Beide Kuchen waagerecht durchschneiden, sodass vier Teigböden entstehen.

5. Für die Garnierung Butter, Puderzucker und Sahne glatt rühren. Die Teigböden mit der Hälfte der Creme zusammensetzen.

6. Den Tortenrand mit der Hälfte der restlichen Creme bestreichen und die restlichen Walnüsse andrücken. Die Tortenoberfläche mit der Aprikosenkonfitüre bestreichen. Die restliche Creme in einen Spritzbeutel mit Sterntülle füllen und einen Wellenrand aufspritzen. Mit Walnusshälften garnieren.

Ergibt 8–10 Stück

- Öl oder zerlassene Butter, zum Einfetten
- 200 g Mehl
- 1 EL Backpulver
- 170 g weiche Butter
- 180 g Feinstzucker
- 3 Eier, verquirlt
- 1 TL Vanillearoma
- 2 EL Milch

130 g Walnusskerne, fein gehackt

Garnierung

170 g weiche Butter

300 g Puderzucker, gesiebt

120 g Sahne

3 EL Aprikosenkonfitüre, erwärmt

Walnusshälften, zum Garnieren

35

Baiser-Mokka-Kuchen

1. Den Backofen auf 160 °C vorheizen. Eine Springform (26 cm Durchmesser) einfetten und den Boden mit Backpapier auskleiden.

2. Mehl und Backpulver in eine große Rührschüssel sieben. Butter, Zucker, Eier und Kaffee dazugeben. Die Zutaten zu einem glatten Teig rühren, dann die Milch einarbeiten.

3. Den Teig in die vorbereitete Form füllen und die Oberfläche glatt streichen. Im vorgeheizten Ofen 40–50 Minuten goldbraun backen.

4. Den Kuchen 2–3 Minuten abkühlen lassen, dann aus der Form lösen und auf eine hitzebeständige Kuchenplatte setzen. Regelmäßig mit einem Holzspieß einstechen und mit dem Likör tränken.

5. Für die Baisermasse das Eiweiß in einer sauberen Schüssel halb steif schlagen. Dann unter Rühren den Zucker einrieseln lassen, bis die Masse steif ist. Den Kaffee unterrühren.

6. Die Baisermasse mit einem Palettmesser auf dem Kuchen verstreichen und ein Wolkenmuster eindrücken. Mit einem Küchengasbrenner oder unter dem vorgeheizten Grill des Backofens 2–3 Minuten bräunen.

Ergibt 12 Stück

- Öl oder zerlassene Butter, zum Einfetten
- 200 g Mehl
- 1 EL Backpulver
- 170 g weiche Butter
- 150 g brauner Zucker
- 3 Eier, verquirlt
- 1 TL Instantkaffee, aufgelöst in 1 EL heißem Wasser
- 2 EL Milch

3 EL Kaffeelikör

Baisermasse

3 Eiweiß

175 g Feinstzucker

1½ TL Instantkaffee, aufgelöst in 1½ EL heißem Wasser

36

Erdbeercremetorte

1 Den Backofen auf 160 °C vorheizen. Eine Springform (24 cm Durchmesser) einfetten und den Boden mit Backpapier auskleiden.

2 Mehl und Backpulver in eine große Rührschüssel sieben. Butter, Zucker, Eier und Vanillearoma dazugeben. Die Zutaten zu einem glatten Teig rühren, dann die Milch einarbeiten.

3 Den Teig in die vorbereitete Form füllen und die Oberfläche glatt streichen. 45–55 Minuten goldbraun backen.

4 Den Kuchen 5 Minuten abkühlen lassen, dann aus der Form lösen und auf einem Kuchengitter vollständig erkalten lassen. Waagerecht in zwei Böden schneiden. Den unteren Teigboden wieder in die Springform legen.

5 Für die Füllung die Gelatine mit dem Orangensaft in einen kleinen Topf geben und einige Minuten quellen lassen. 700 g Erdbeeren und Zucker im Mixer oder mit dem Pürierstab pürieren. Die Sahne steif schlagen. Die Gelatine unter Rühren bei kleiner Hitze auflösen und rasch in das Erdbeerpüree rühren. Die Schlagsahne unterheben.

6 Die Masse in die Springform auf den Teigboden füllen und glatt streichen. Den zweiten Teigboden daraufsetzen. Im Kühlschrank fest werden lassen. Die Torte aus der Form lösen und die Oberfläche mit dem Traubengelee bestreichen. Mit den restlichen Erdbeeren garnieren.

Ergibt 12 Stück

- Öl oder zerlassene Butter, zum Einfetten
- 200 g Mehl
- 1 EL Backpulver
- 170 g weiche Butter
- 180 g Feinstzucker
- 3 Eier, verquirlt
- 1 TL Vanillearoma
- 2 EL Milch

Füllung

1 Päckchen gemahlene Gelatine
6 EL Orangensaft
1 kg Erdbeeren, geputzt
3 EL Feinstzucker
375 g Sahne
150 g Traubengelee, erwärmt

37

Zitronen-Pistazien-Kranz

1. Den Backofen auf 180 °C vorheizen. Eine beschichtete Bundform (22 cm Durchmesser) einfetten.
2. Mehl und Backpulver in eine große Rührschüssel sieben. Butter, Zucker, Eier und Zitronenaroma dazugeben. Die Zutaten zu einem glatten Teig rühren, Zitronenschale und -saft einarbeiten. Dann die Pistazien unterheben.
3. Den Teig in die vorbereitete Form füllen und die Oberfläche glatt streichen. Im vorgeheizten Ofen 40–50 Minuten goldbraun backen.
4. Den Kuchen 10 Minuten in der Form abkühlen lassen, dann auf ein Kuchengitter stürzen und vollständig erkalten lassen.
5. Die Zitronenzesten mit Zucker und Wasser in einen Topf geben und sanft erhitzen, bis sich der Zucker aufgelöst hat. Den Sirup zum Kochen bringen und 7 Minuten einkochen. Die Zitronenzesten aus dem Sirup nehmen und auf einem Stück Küchenpapier abtropfen und auskühlen lassen.
6. Den Kuchen mit Zitronenzesten und Pistazien garnieren.

Ergibt 12 Stück

- Öl oder zerlassene Butter, zum Einfetten
- 200 g Mehl
- 2 TL Backpulver
- 170 g weiche Butter
- 180 g Feinstzucker
- 3 Eier, verquirlt
- 1 TL Zitronenaroma
- fein abgeriebene Schale von 1 Zitrone
- 1 EL Zitronensaft
- 50 g Pistazienkerne, fein gehackt

Garnierung

- Zitronenzesten von 1 Zitrone
- 120 g Feinstzucker
- 125 ml Wasser
- 2 EL grob gehackte Pistazien

38

Blaubeertorte

1. Den Backofen auf 160 °C vorheizen. Drei Springformen (20 cm Durchmesser) einfetten und den Boden mit Backpapier auskleiden.

2. Mehl und Backpulver in eine große Rührschüssel sieben. Butter, Zucker, Eier und Orangenblütenwasser dazugeben. Die Zutaten zu einem glatten Teig rühren, dann den Orangensaft einarbeiten.

3. Den Teig in die vorbereiteten Formen füllen und die Oberfläche glatt streichen. Im vorgeheizten Ofen 20–25 Minuten goldbraun backen.

4. Die Kuchen 2–3 Minuten abkühlen lassen, dann aus der Form lösen und auf einem Kuchengitter vollständig erkalten lassen.

5. Für die Füllung Frischkäse und Puderzucker glatt rühren. Etwa zwei Drittel der Creme in eine zweite Schüssel füllen und 250 g Blaubeeren unterheben. Die Teigböden mit dieser Creme zusammensetzen.

6. Die restlichen Blaubeeren durch ein feines Haarsieb streichen. Die restliche Creme auf der Tortenoberfläche verstreichen und das Blaubeermark unterziehen.

Ergibt 8 Stück

- Öl oder zerlassene Butter, zum Einfetten
- 200 g Mehl
- 1 EL Backpulver
- 170 g weiche Butter
- 180 g Feinstzucker
- 3 Eier, verquirlt
- 1 TL Orangenblütenwasser
- 2 EL Orangensaft

Füllung

220 g Doppelrahmfrischkäse

100 g Puderzucker, gesiebt

500 g Blaubeeren

39

Karamellschnitten

1. Den Backofen auf 180 °C vorheizen. Eine quadratische Backform (24 cm Seitenlänge) einfetten und den Boden mit Backpapier auskleiden.
2. Mehl und Backpulver in eine große Rührschüssel sieben. Butter, Zucker, Eier und Vanillearoma dazugeben. Die Zutaten zu einem glatten Teig rühren, dann die Milch einarbeiten.
3. Den Teig in die Form füllen und die Oberfläche glatt streichen. 35–40 Minuten im Ofen goldbraun backen.
4. Den Kuchen 5 Minuten in der Form abkühlen lassen, dann auf ein Kuchengitter stürzen und vollständig erkalten lassen. Waagerecht in zwei Teigböden schneiden.
5. Für die Füllung den Sirup in einem Topf stark erhitzen, dann in einem dünnen Strahl in das Eigelb rühren, bis die Masse blassgelb cremig ist. Butter und Vanillearoma unterrühren. Abgedeckt abkühlen lassen.
6. Den Zucker in einem Topf bei kleiner Hitze karamellisieren. Auf ein gefettetes Backblech gießen und fest werden lassen.
7. Die Hälfte des Karamells in Stückchen brechen und unter die Hälfte der Füllung heben. Die Teigböden damit wieder zusammensetzen. Die restliche Creme auf die Oberfläche des Kuchens streichen. Den restlichen Karamell in Splitter brechen und auf den Kuchen streuen.

Ergibt 12 Stück

- Öl oder zerlassene Butter, zum Einfetten
- 200 g Mehl
- 1 EL Backpulver
- 170 g weiche Butter
- 150 g brauner Zucker
- 3 Eier, verquirlt
- 1 TL Vanillearoma
- 2 EL Milch

Füllung

80 ml Zuckerrübensirup

2 Eigelb, verquirlt

170 g weiche Butter

1 TL Vanillearoma

Garnierung

180 g Feinstzucker

40

Pastell-Torte

Ergibt 12 Stück

- Öl oder zerlassene Butter, zum Einfetten
- 200 g Mehl
- 1 EL Backpulver
- 170 g weiche Butter
- 180 g Feinstzucker
- 3 Eier, verquirlt
- 1 TL Vanillearoma
- 2 EL Milch

rote Speisefarbe

700 g Rollfondant

3 EL Aprikosenkonfitüre, erwärmt

Zuckerblüten, zum Garnieren

1. Den Backofen auf 160 °C vorheizen. Eine Springform (24 cm Durchmesser) einfetten und den Boden mit Backpapier auskleiden.

2. Mehl und Backpulver in eine große Rührschüssel sieben. Butter, Zucker, Eier und Vanillearoma dazugeben. Die Zutaten zu einem glatten Teig rühren, dann die Milch einarbeiten.

3. Die Hälfte des Teiges in eine zweite Schüssel füllen und mit wenig Speisefarbe rosa färben.

   Weißen und rosa Teig abwechselnd esslöffelweise in die vorbereiteten Formen füllen und den Teigschaber durchziehen, um einen Marmoreffekt zu erzielen.

4. Im vorgeheizten Ofen 40–50 Minuten goldbraun backen. Den Kuchen 10 Minuten abkühlen lassen, dann aus der Form lösen und auf einem Kuchengitter vollständig erkalten lassen.

5. Den Fondant halbieren. Eine Hälfte mit etwas Speisefarbe verkneten, bis er rosa ist. Nun die beiden Portionen miteinander verkneten, sodass ein marmorierter Fondant entsteht.

6. Die Torte auf eine Kuchenplatte setzen und mit der Aprikosenkonfitüre bestreichen. Den Fondant ausrollen und die Torte damit bedecken. Überstehenden Fondant abschneiden und daraus zwei lange Stränge formen. Diese miteinander verdrehen und um die Torte legen. Mit den Zuckerblüten garnieren.

Cupcakes

41

Haselnuss-Joghurt-Cupcakes

Ergibt 26 Stück

- 200 g Mehl
- 2 TL Speisestärke
- 1 EL Backpulver
- 180 g Naturjoghurt
- 180 g Feinstzucker
- 3 Eier, verquirlt
- 1 TL Vanillearoma
- 40 g Haselnüsse, fein gehackt

Glasur

- 100 g Puderzucker, gesiebt
- 3 EL Naturjoghurt
- 40 g Haselnüsse, grob gehackt

1. Den Backofen auf 190 °C vorheizen. 26 Papierbackförmchen auf Backbleche setzen (zur Verstärkung kann jeweils ein zweites Backförmchen hineingesetzt werden).
2. Mehl, Speisestärke und Backpulver in eine große Rührschüssel sieben. Joghurt, Zucker, Eier und Vanillearoma dazugeben. Die Zutaten zu einem glatten Teig rühren, dann die Haselnüsse unterheben.
3. Den Teig in die vorbereiteten Förmchen füllen und im vorgeheizten Ofen 15–20 Minuten goldbraun backen. Die Cupcakes auf ein Kuchengitter setzen und vollständig erkalten lassen.
4. Für die Glasur Puderzucker und Joghurt glatt rühren und über die Cupcakes träufeln. Mit den Haselnüssen bestreuen und fest werden lassen.

42

Mandel-Aprikosen-Cupcakes

1. Den Backofen auf 190 °C vorheizen. 30 Papierbackförmchen auf Backbleche setzen (zur Verstärkung kann jeweils ein zweites Backförmchen hineingesetzt werden).

2. Mehl, Backpulver und Piment in eine große Rührschüssel sieben. Butter, Zucker, Eier und Bittermandelaroma dazugeben. Die Zutaten zu einem glatten Teig rühren, dann die Milch einarbeiten. Aprikosen und Mandeln unterheben.

3. Den Teig in die vorbereiteten Förmchen füllen und im vorgeheizten Ofen 15–20 Minuten goldbraun backen. Die Cupcakes auf ein Kuchengitter setzen und vollständig erkalten lassen.

4. Je etwa 1 Teelöffel Milchkonfitüre auf die Cupcakes setzen und mit den Mandelblättchen garnieren.

Ergibt 30 Stück

- 200 g Mehl
- 1 EL Backpulver
- 1 TL gemahlener Piment
- 170 g weiche Butter
- 180 g Feinstzucker
- 3 Eier, verquirlt
- 1 TL Bittermandelaroma
- 2 EL Milch
- 70 g getrocknete Aprikosen, fein gehackt
- 40 g gemahlene Mandeln

Garnierung

- 170 ml Milchkonfitüre
- 25 g Mandelblättchen

43

Pekannuss-Cupcakes

Ergibt 30 Stück

- 200 g Mehl
- 1 EL Backpulver
- 170 g weiche Butter
- 100 g brauner Zucker
- 4 EL Ahornsirup
- 3 Eier, verquirlt
- 1 TL Vanillearoma
- 30 g Pekannusskerne, fein gehackt

Garnierung

- 40 g Pekannusskerne, fein gehackt
- 2 EL Mehl
- 2 EL brauner Zucker
- 2 EL zerlassene Butter

1. Den Backofen auf 190 °C vorheizen. 30 Papierbackförmchen auf Backbleche setzen (zur Verstärkung kann jeweils ein zweites Backförmchen hineingesetzt werden).
2. Mehl und Backpulver in eine große Rührschüssel sieben. Butter, Zucker, Ahornsirup, Eier und Vanillearoma dazugeben. Die Zutaten zu einem glatten Teig rühren, dann die Pekannüsse unterheben.
3. Den Teig in die vorbereiteten Förmchen füllen. Für die Garnierung Pekannüsse, Mehl, Zucker und Butter zu feinen Krümeln verarbeiten und die Cupcakes damit bestreuen.
4. Im vorgeheizten Ofen 15–20 Minuten goldbraun backen. Die Cupcakes auf ein Kuchengitter setzen und vollständig erkalten lassen.

44

Kirsch-Cupcakes mit Ricottaglasur

Ergibt 28 Stück

- 80 g Belegkirschen, gehackt
- 200 g Mehl
- 1 EL Backpulver
- 1 EL Speisestärke
- 170 g weiche Butter
- 180 g Feinstzucker
- 3 Eier, verquirlt
- 1 TL Vanillearoma
- 14 Belegkirschen, halbiert, zum Garnieren

Glasur

- 250 g Ricotta
- 80 g Puderzucker
- ½ TL Vanillearoma

1. Den Backofen auf 190 °C vorheizen. 28 Papierbackförmchen auf Backbleche setzen (zur Verstärkung kann jeweils ein zweites Backförmchen hineingesetzt werden).
2. Die Belegkirschen mit 1 Esslöffel Mehl bestäuben und darin wenden. Das restliche Mehl, Backpulver und Speisestärke in eine große Rührschüssel sieben. Butter, Zucker, Eier und Vanillearoma dazugeben. Die Zutaten zu einem glatten Teig rühren, dann die Kirschen unterheben.
3. Den Teig in die vorbereiteten Förmchen füllen und im vorgeheizten Ofen 15–20 Minuten goldbraun backen. Die Cupcakes auf ein Kuchengitter setzen und vollständig erkalten lassen.
4. Für die Glasur Ricotta, Puderzucker und Vanillearoma glatt rühren und auf die Cupcakes geben. Mit den halbierten Belegkirschen garnieren.

45

Cupcakes mit weißer Schokolade

1. Den Backofen auf 190 °C vorheizen. 32 Papierbackförmchen auf Backbleche setzen (zur Verstärkung kann jeweils ein zweites Backförmchen hineingesetzt werden).

2. Mehl und Backpulver in eine große Rührschüssel sieben. Butter, Zucker, Eier und Vanillearoma dazugeben. Die Zutaten zu einem glatten Teig rühren, dann die Hälfte der Schokoladentropfen unterheben.

3. Den Teig in die vorbereiteten Förmchen füllen und mit den restlichen Schokoladentropfen bestreuen. Im vorgeheizten Ofen 15–20 Minuten goldbraun backen. Die Cupcakes auf ein Kuchengitter setzen und vollständig erkalten lassen.

4. Etwas zerlassene weiße Schokolade auf die ausgekühlten Cupcakes geben und mit Schokoladenstreuseln bestreuen. Fest werden lassen.

Ergibt 32 Stück

- 200 g Mehl
- 1 EL Backpulver
- 170 g weiche Butter
- 180 g Feinstzucker
- 3 Eier, verquirlt
- 1 TL Vanillearoma

100 g weiße Schokoladentropfen

Glasur

100 g weiße Schokolade, geschmolzen

2 EL Vollmilch-Schokostreusel

Schmetterling-Cupcakes

Ergibt 28 Stück

- 200 g Mehl
- 1 EL Backpulver
- 170 g weiche Butter
- 180 g Feinstzucker
- 3 Eier, verquirlt
- 1 TL Vanillearoma
- 1–2 EL Milch
- bunte Zuckerstreusel, zum Garnieren

Buttercreme

- 100 g weiche Butter
- 200 g Puderzucker
- ½ TL Vanillearoma

1. Den Backofen auf 190 °C vorheizen. 28 Papierbackförmchen auf Backbleche setzen (zur Verstärkung kann jeweils ein zweites Backförmchen hineingesetzt werden).

2. Mehl und Backpulver in eine große Rührschüssel sieben. Butter, Zucker, Eier und Vanillearoma dazugeben. Die Zutaten zu einem glatten Teig rühren, dann so viel Milch einarbeiten, dass ein zähflüssiger Teig entsteht.

3. Den Teig in die vorbereiteten Förmchen füllen und im vorgeheizten Ofen 15–20 Minuten goldbraun backen. Die Cupcakes auf ein Kuchengitter setzen und vollständig erkalten lassen.

4. Für die Buttercreme Butter, Puderzucker und Vanillearoma glatt rühren.

5. Mit einem Sägemesser eine kleine Kappe von den Cupcakes abschneiden. Die Kappen wiederum in zwei Hälften schneiden. Etwas Creme auf die Cupcakes streichen oder mit einem Spritzbeutel spritzen. Die halbierten Kappen schräg so hineindrücken, dass sie aussehen wie Schmetterlingsflügel. Mit Zuckerstreuseln bestreuen.

47

Himbeer-Cupcakes

Ergibt 32 Stück

- 200 g Mehl
- 1 EL Backpulver
- 1 EL Speisestärke
- 170 g weiche Butter
- 180 g Feinstzucker
- 3 Eier, verquirlt
- 1 TL Bittermandelaroma
- 250 g frische Himbeeren
- Vanillezucker, zum Bestreuen

1. Den Backofen auf 190 °C vorheizen. 32 Papierbackförmchen auf Backbleche setzen (zur Verstärkung kann jeweils ein zweites Backförmchen hineingesetzt werden).
2. Mehl, Backpulver und Speisestärke in eine große Rührschüssel sieben. Butter, Zucker, Eier und Bittermandelaroma dazugeben. Die Zutaten zu einem glatten Teig rühren. Die Himbeeren mit einer Gabel leicht zerdrücken und unter den Teig heben.
3. Den Teig in die vorbereiteten Förmchen füllen und im vorgeheizten Ofen 15–20 Minuten goldbraun backen. Die Cupcakes auf ein Kuchengitter setzen und vollständig erkalten lassen.
4. Vor dem Servieren mit Vanillezucker bestreuen.

48

Bananen-Cupcakes mit Passionsfrucht

1. Den Backofen auf 190 °C vorheizen. 30 Papierbackförmchen auf Backbleche setzen (zur Verstärkung kann jeweils ein zweites Backförmchen hineingesetzt werden).

2. Mehl, Backpulver und Speisestärke in eine große Rührschüssel sieben. Butter, Zucker, Eier und Vanillearoma dazugeben. Die Zutaten zu einem glatten Teig rühren. Eine Banane zusammen mit 1 Esslöffel Zitronensaft zerdrücken und unter den Teig heben.

3. Den Teig in die vorbereiteten Förmchen füllen und im vorgeheizten Ofen 15–20 Minuten goldbraun backen. Die Cupcakes auf ein Kuchengitter setzen und vollständig erkalten lassen.

4. Die Passionsfrüchte halbieren. Mithilfe eines Löffels das Mark herauslösen und in einer Schale mit dem Honig verrühren. Die zweite Banane in Scheiben schneiden und mit dem restlichen Zitronensaft bestreichen. Je eine Bananenscheibe auf die Cupcakes legen und mit etwas Passionsfruchtmark beträufeln.

Ergibt 30 Stück

- 200 g Mehl
- 1 EL Backpulver
- 1 EL Speisestärke
- 170 g weiche Butter
- 150 g brauner Zucker
- 3 Eier, verquirlt
- 1 TL Vanillearoma
- 2 reife Bananen
- 2 EL Zitronensaft
- 2 Passionsfrüchte
- 2 EL Honig

49

Weihnachts-Cupcakes

1. Den Backofen auf 190 °C vorheizen. 36 Papierbackförmchen auf Backbleche setzen (zur Verstärkung kann jeweils ein zweites Backförmchen hineingesetzt werden).

2. Mehl, Backpulver und Zimt in eine große Rührschüssel sieben. Butter, Zucker, Eier und Bittermandelaroma dazugeben. Die Zutaten zu einem glatten Teig rühren, dann Sherry, Orangenschale, Mandeln und Trockenfrüchte unterheben.

3. Den Teig in die vorbereiteten Förmchen füllen und im vorgeheizten Ofen 15–20 Minuten goldbraun backen. Die Cupcakes auf ein Kuchengitter setzen und vollständig erkalten lassen.

4. Für die Garnierung etwa drei Viertel des Fondants dünn ausrollen und 5 cm große Kreise ausstechen. Mit etwas Wasser bestreichen und auf die Cupcakes legen.

5. Drei Viertel des restlichen Fondants grün, ein Viertel rot färben. Den grünen Fondant ausrollen und kleine Stechpalmenblätter ausschneiden. Das rote Fondant zu Kügelchen formen.

6. Blätter und Kügelchen mit etwas Wasser befeuchten, auf den weißen Fondant legen und trocknen lassen.

Ergibt 36 Stück

- 200 g Mehl
- 1 EL Backpulver
- 1 TL Zimt
- 170 g weiche Butter
- 150 g brauner Zucker
- 3 Eier, verquirlt
- 1 TL Bittermandelaroma
- 2 EL Sherry Medium Dry
- 1 EL fein abgeriebene Orangenschale
- 2 EL gemahlene Mandeln
- 70 g gemischte Trockenfrüchte, klein gewürfelt

Garnierung

- 450 g Rollfondant (Fertigprodukt)
- grüne und rote Speisefarbe

50

Blaubeer-Cupcakes

1. Den Backofen auf 190 °C vorheizen. 30 Papierbackförmchen auf Backbleche setzen (zur Verstärkung kann jeweils ein zweites Backförmchen hineingesetzt werden).

2. Mehl und Backpulver in eine große Rührschüssel sieben. Butter, Zucker, Eier und Vanillearoma dazugeben. Die Zutaten zu einem glatten Teig rühren, dann Orangenschale und knapp 250 g Blaubeeren unterheben.

3. Den Teig in die vorbereiteten Förmchen füllen und im vorgeheizten Ofen 15–20 Minuten goldbraun backen. Die Cupcakes auf ein Kuchengitter setzen und vollständig erkalten lassen.

4. Für die Glasur saure Sahne und Puderzucker glatt rühren. Auf die Cupcakes geben und je eine Blaubeere in die Mitte setzen. Fest werden lassen.

Ergibt 30 Stück

- 200 g Mehl
- 1 EL Backpulver
- 170 g weiche Butter
- 180 g Feinstzucker
- 3 Eier, verquirlt
- 1 TL Vanillearoma

fein abgeriebene Schale von einer ½ Orange

300 g frische Blaubeeren

Glasur

3 EL saure Sahne

150 g Puderzucker, gesiebt

51

Karamell-Cupcakes

1. Den Backofen auf 190 °C vorheizen. 28 Papierbackförmchen auf Backbleche setzen (zur Verstärkung kann jeweils ein zweites Backförmchen hineingesetzt werden).

2. Mehl und Backpulver in eine große Rührschüssel sieben. Butter, Zucker, Eier und Vanillearoma dazugeben. Die Zutaten zu einem glatten Teig rühren.

3. Den Teig in die vorbereiteten Förmchen füllen und im vorgeheizten Ofen 15–20 Minuten goldbraun backen. Die Cupcakes auf ein Kuchengitter setzen und vollständig erkalten lassen.

4. Für die Glasur Sirup, Butter und Zucker in einen kleinen Topf geben und unter Rühren sanft erhitzen, bis sich der Zucker aufgelöst hat. Zum Kochen bringen und unter Rühren 1 Minute eindicken. Die Glasur über die Cupcakes träufeln und fest werden lassen.

Ergibt 28 Stück

- 200 g Mehl
- 1 EL Backpulver
- 170 g weiche Butter
- 150 g brauner Zucker
- 3 Eier, verquirlt
- 1 TL Vanillearoma

Glasur

2 EL Zuckerrübensirup

2 EL Butter

2 EL brauner Zucker

52

Teetörtchen

1. Den Backofen auf 180 °C vorheizen. Ein 12er-Muffinblech einfetten.

2. Mehl, Backpulver und Apfelkuchengewürz in eine große Rührschüssel sieben. Butter, Zucker, Eier und Vanillearoma dazugeben. Die Zutaten zu einem glatten Teig rühren, dann den Tee einarbeiten und die Hälfte der Rosinen unterheben.

3. Den Teig in die Vertiefungen der Muffinform füllen und mit den restlichen Rosinen bestreuen. Im vorgeheizten Ofen 20–25 Minuten goldbraun backen. Die Cupcakes aus der Form lösen und auf einem Kuchengitter vollständig erkalten lassen.

4. Die Teetörtchen vor dem Servieren mit Puderzucker und Apfelkuchengewürz bestäuben.

Ergibt 12 Stück

- Öl oder zerlassene Butter, zum Einfetten
- 200 g Mehl
- 1 EL Backpulver
- ½ TL Apfelkuchengewürz
- 170 g weiche Butter
- 180 g Feinstzucker
- 3 Eier, verquirlt
- 1 TL Vanillearoma
- 2 EL starker Earl-Grey-Tee
- 40 g Rosinen
- Puderzucker und Apfelkuchengewürz, zum Bestäuben

53

Gelee-Cupcakes

Ergibt 28 Stück

- 200 g Mehl
- 1 EL Backpulver
- 1 EL Speisestärke
- 170 g weiche Butter
- 180 g Feinstzucker
- 3 Eier, verquirlt
- 1 TL Vanillearoma
- 80 g Himbeergelee
- Puderzucker, zum Bestäuben

1. Den Backofen auf 190 °C vorheizen. 28 Papierbackförmchen auf Backbleche setzen (zur Verstärkung kann jeweils ein zweites Backförmchen hineingesetzt werden).
2. Mehl, Backpulver und Speisestärke in eine große Rührschüssel sieben. Butter, Zucker, Eier und Vanillearoma dazugeben. Die Zutaten zu einem glatten Teig rühren.
3. Den Teig in die vorbereiteten Förmchen füllen und je einen ½ Teelöffel Himbeergelee in die Mitte setzen, aber nicht in den Teig drücken.
4. Im vorgeheizten Ofen 15–20 Minuten goldbraun backen. Die Cupcakes auf ein Kuchengitter setzen und vollständig erkalten lassen. Vor dem Servieren mit Puderzucker bestäuben.

54

Mini-Cupcakes mit Orange und Safran

1. Den Backofen auf 190 °C vorheizen. 90 Mini-Papierbackförmchen auf 2–3 Backbleche setzen (zur Verstärkung kann jeweils ein zweites Backförmchen hineingesetzt werden).
2. 2 Esslöffel Orangensaft mit dem Safran bis knapp unter den Siedepunkt erhitzen. Dann den Topf vom Herd nehmen und 10 Minuten ziehen lassen.
3. Mehl und Backpulver in eine große Rührschüssel sieben. Butter, Zucker und Eier dazugeben. Die Zutaten zu einem glatten Teig rühren, dann die Orangenschale und die Hälfte der Orangen-Safran-Mischung einarbeiten.
4. Den Teig in die vorbereiteten Förmchen füllen und im vorgeheizten Ofen 12–15 Minuten goldbraun backen. Die Cupcakes auf ein Kuchengitter setzen und vollständig erkalten lassen.
5. Für die Glasur die restliche Orangen-Safran-Mischung mit dem Puderzucker glatt rühren (falls nötig, etwas mehr Orangensaft einarbeiten). Je einen kleinen Klacks Glasur auf die Cupcakes geben, mit Orangenzesten garnieren und fest werden lassen.

Ergibt 90 Stück

2–3 EL Orangensaft
1 Prise Safranfäden
200 g Mehl
1 EL Backpulver
170 g weiche Butter
180 g Feinstzucker
3 Eier, verquirlt
fein abgeriebene Schale von 1 Orange

Glasur

150 g Puderzucker, gesiebt
Orangenzesten

55

Schokoladen-Cupcakes

Ergibt 30 Stück

- 200 g Mehl
- 1 EL Backpulver
- 170 g weiche Butter
- 180 g Feinstzucker
- 3 Eier, verquirlt
- 1 TL Vanillearoma
- 2 EL Milch
- 1 EL Kakaopulver
- 70 g Borkenschokolade, zerkrümelt
- 3 EL Aprikosenkonfitüre, erwärmt

1. Den Backofen auf 190 °C vorheizen. 30 Papierbackförmchen auf Backbleche setzen (zur Verstärkung kann jeweils ein zweites Backförmchen hineingesetzt werden).
2. Mehl und Backpulver in eine große Rührschüssel sieben. Butter, Zucker, Eier und Vanillearoma dazugeben. Die Zutaten zu einem glatten Teig rühren. Milch und Kakaopulver glatt rühren und in den Teig einarbeiten.
3. Den Teig in die vorbereiteten Förmchen füllen und mit etwa einem Viertel der Borkenschokolade bestreuen. Im vorgeheizten Ofen 15–20 Minuten goldbraun backen. Die Cupcakes auf ein Kuchengitter setzen und vollständig erkalten lassen.
4. Die Cupcakes mit der Aprikosenkonfitüre bestreichen und mit der restlichen Schokolade bestreuen.

56

Honigwaben-Cupcakes

1. Den Backofen auf 190 °C vorheizen. 30 Papierbackförmchen auf Backbleche setzen (zur Verstärkung kann jeweils ein zweites Backförmchen hineingesetzt werden).

2. Mehl und Backpulver in eine große Rührschüssel sieben. Butter, Zucker, Eier und Vanillearoma dazugeben. Die Zutaten zu einem glatten Teig rühren, dann die Schokolade unterheben.

3. Den Teig in die vorbereiteten Förmchen füllen und im vorgeheizten Ofen 15–20 Minuten goldbraun backen. Die Cupcakes auf ein Kuchengitter setzen und vollständig erkalten lassen.

4. Für die Glasur Puderzucker, Kakaopulver und Wasser glatt rühren und auf die Cupcakes geben. Mit den Schokolade-Honigwaben-Stückchen garnieren. Fest werden lassen.

Ergibt 30 Stück

- 200 g Mehl
- 1 EL Backpulver
- 170 g weiche Butter
- 180 g Feinstzucker
- 3 Eier, verquirlt
- 1 TL Vanillearoma

40 g Schokolade mit Honigwaben (in Feinkost- oder Schokoladenläden erhältlich), fein gehackt

Glasur

175 g Puderzucker, gesiebt

2 TL Kakaopulver

2 EL Wasser

40 g Schokolade mit Honigwaben, grob gehackt

57

Mokka-Cupcakes

1. Den Backofen auf 190 °C vorheizen. 28 Papierbackförmchen auf Backbleche setzen (zur Verstärkung kann jeweils ein zweites Backförmchen hineingesetzt werden).

2. Mehl und Backpulver in eine große Rührschüssel sieben. Butter, Zucker, Eier und Kaffee dazugeben. Die Zutaten zu einem glatten Teig rühren, dann die Milch einarbeiten.

3. Den Teig in die vorbereiteten Förmchen füllen und im vorgeheizten Ofen 15–20 Minuten goldbraun backen. Die Cupcakes auf ein Kuchengitter setzen und vollständig erkalten lassen.

4. Für die Garnierung Butter, Zucker, Sahne und Kaffee in einen Topf geben und bei mittlerer Hitze glatt rühren. Zum Kochen bringen und unter Rühren 2 Minuten einkochen. Den Topf vom Herd nehmen und den Puderzucker dazugeben.

5. Rühren, bis eine glatte, dicke Creme entstanden ist. In einen Spritzbeutel mit Sterntülle füllen und Rosetten auf die Cupcakes spritzen. Mit je 1 Mokkabohne garnieren.

Ergibt 28 Stück

- 200 g Mehl
- 1 EL Backpulver
- 170 g weiche Butter
- 180 g Feinstzucker
- 3 Eier, verquirlt
- 1 TL Instantkaffee, aufgelöst in 1 EL heißem Wasser
- 2 EL Milch

Schokoladen-Mokkabohnen, zum Garnieren

Garnierung

60 g Butter

100 g brauner Zucker

2 EL Sahne oder Milch

½ TL Instantkaffee, aufgelöst in ½ EL heißem Wasser

300 g Puderzucker, gesiebt

58

Ingwer-Cupcakes

1. Den Backofen auf 190 °C vorheizen. 30 Papierbackförmchen auf Backbleche setzen (zur Verstärkung kann jeweils ein zweites Backförmchen hineingesetzt werden).

2. Mehl, Backpulver, Ingwer und Zimt in eine große Rührschüssel sieben. Butter, Zucker, Eier und Vanillearoma dazugeben. Die Zutaten zu einem glatten Teig rühren.

3. Den Teig in die vorbereiteten Förmchen füllen und im vorgeheizten Ofen 15–20 Minuten goldbraun backen. Die Cupcakes auf ein Kuchengitter setzen und vollständig erkalten lassen.

4. Für die Glasur Butter, Puderzucker und Orangensaft glatt rühren, auf den Cupcakes verteilen und mit den Ingwerstückchen garnieren.

Ergibt 30 Stück

- 200 g Mehl
- 1 EL Backpulver
- 2 TL gemahlener Ingwer
- 1 TL Zimt
- 170 g weiche Butter
- 150 g brauner Zucker
- 3 Eier, verquirlt
- 1 TL Vanillearoma
- gehackter kandierter Ingwer, zum Garnieren

Glasur

- 6 EL weiche Butter
- 150 g Puderzucker, gesiebt
- 3 EL Orangensaft

59

Minze-Schokoladen-Cupcakes

Ergibt 32 Stück

- 200 g Mehl
- 1 EL Backpulver
- 170 g weiche Butter
- 180 g Feinstzucker
- 3 Eier, verquirlt
- einige Tropfen Pfefferminzöl
- 100 g Zartbitter-Schokoladentropfen

Glasur

- 100 g Zartbitterschokolade, geschmolzen
- 10 Minz-Schokosticks, in kurze Stücke gebrochen

1. Den Backofen auf 190 °C vorheizen. 32 Papierbackförmchen auf Backbleche setzen (zur Verstärkung kann jeweils ein zweites Backförmchen hineingesetzt werden).
2. Mehl und Backpulver in eine große Rührschüssel sieben. Butter, Zucker, Eier und Pfefferminzöl dazugeben. Die Zutaten zu einem glatten Teig rühren, dann die Hälfte der Schokoladentropfen unterheben.
3. Den Teig in die vorbereiteten Förmchen füllen und mit den restlichen Schokoladentropfen bestreuen. Im vorgeheizten Ofen 15–20 Minuten goldbraun backen. Die Cupcakes auf ein Kuchengitter setzen und vollständig erkalten lassen.
4. Die Cupcakes mit der flüssigen Schokolade beträufeln und mit den Schokosticks garnieren. Fest werden lassen.

60

Marzipan-Cupcakes

1. Den Backofen auf 190 °C vorheizen. 32 Papierbackförmchen auf Backbleche setzen (zur Verstärkung kann jeweils ein zweites Backförmchen hineingesetzt werden).

2. Mehl, Backpulver und Speisestärke in eine große Rührschüssel sieben. Butter, Zucker, Eier und Bittermandelaroma dazugeben. Die Zutaten zu einem glatten Teig rühren.

3. Den Teig in die vorbereiteten Förmchen füllen und mit den Marzipanwürfeln bestreuen. Im vorgeheizten Ofen 15–20 Minuten goldbraun backen. Die Cupcakes auf ein Kuchengitter setzen und vollständig erkalten lassen.

Ergibt 32 Stück

- 200 g Mehl
- 1 EL Backpulver
- 2 TL Speisestärke
- 170 g weiche Butter
- 180 g Feinstzucker
- 3 Eier, verquirlt
- 1 TL Bittermandelaroma
- 80 g Marzipanrohmasse, in 5 mm große Würfel geschnitten

Fruchtige

Kuchen

61

Himbeer-Pinienkern-Riegel

1. Den Backofen auf 180 °C vorheizen. Eine eckige Backform (20 cm x 30 cm) einfetten und den Boden mit Backpapier auskleiden.
2. Mehl und Backpulver in eine große Rührschüssel sieben. Butter, Zucker, Eier und Vanillearoma dazugeben. Die Zutaten zu einem glatten Teig rühren, dann die Milch einarbeiten. Himbeeren und die Hälfte der Pinienkerne unterheben.
3. Den Teig in die vorbereitete Form füllen und die Oberfläche glatt streichen. Mit den restlichen Pinienkernen bestreuen.
4. Im vorgeheizten Ofen 40–50 Minuten goldbraun backen. Den Kuchen vollständig in der Form erkalten lassen. Dann in Riegel schneiden.

Ergibt 10 Stück

- Öl oder zerlassene Butter, zum Einfetten
- 200 g Mehl
- 1 EL Backpulver
- 170 g weiche Butter
- 180 g Feinstzucker
- 3 Eier, verquirlt
- 1 TL Vanillearoma
- 2 EL Milch

350 g frische Himbeeren

100 g Pinienkerne

Rhabarber-Ingwer-Schnitten

Ergibt 8 Stück

- Öl oder zerlassene Butter, zum Einfetten
- 200 g Mehl
- 2 TL Backpulver
- 170 g weiche Butter
- 180 g Feinstzucker
- 3 Eier, verquirlt
- 1 TL Vanillearoma
- 200 g rotstieliger Rhabarber, in 1 cm kurze Stücke geschnitten
- 1 EL Speisestärke
- 2 EL fein gehackte Ingwerpflaume in Sirup

Glasur

- 3 EL Puderzucker, gesiebt
- 1 EL Ingwersirup (Flüssigkeit, in der die Ingwerpflaumen eingelegt sind)

1. Den Backofen auf 180 °C vorheizen. Eine quadratische Backform (24 cm Seitenlänge) einfetten und den Boden mit Backpapier auskleiden.
2. Mehl und Backpulver in eine große Rührschüssel sieben. Butter, Zucker, Eier und Vanillearoma dazugeben. Die Zutaten zu einem glatten Teig rühren.
3. Den Teig in die vorbereitete Form füllen und die Oberfläche glatt streichen. Den Rhabarber mit der Speisestärke bestäuben und die Ingwerstückchen untermengen. Gleichmäßig auf dem Kuchen verteilen.
4. Im vorgeheizten Ofen 50–60 Minuten goldbraun backen. Den Kuchen 10 Minuten abkühlen lassen, dann aus der Form lösen und auf einem Kuchengitter vollständig erkalten lassen.
5. Für die Glasur Puderzucker und Ingwersirup glatt rühren und über den Kuchen träufeln. Fest werden lassen, dann in Stücke schneiden.

63

Birnen-Haselnuss-Streuselkuchen

Ergibt 12 Stück

- Öl oder zerlassene Butter, zum Einfetten
- 200 g Mehl
- 2 TL Backpulver
- 170 g weiche Butter
- 180 g Feinstzucker
- 3 Eier, verquirlt
- 1 TL Vanillearoma
- 60 g gemahlene Haselnüsse
- 2 feste reife Birnen, geschält, entkernt und klein gewürfelt

Streusel

- 60 g geröstete Haselnüsse, fein gehackt
- 50 g brauner Zucker
- 3 EL Mehl
- ½ TL Zimt
- 2 EL zerlassene Butter

1. Den Backofen auf 180 °C vorheizen. Eine Springform (24 cm Durchmesser) einfetten und den Boden mit Backpapier auskleiden.
2. Für die Streusel Haselnüsse, Zucker, Mehl, Zimt und Butter in einer kleinen Schüssel zu feinen Krümeln verarbeiten.
3. Mehl und Backpulver in eine große Rührschüssel sieben. Butter, Zucker, Eier und Vanillearoma dazugeben. Die Zutaten zu einem glatten Teig rühren, dann die Haselnüsse und die Hälfte der Birnen unterheben.
4. Den Teig in die vorbereitete Form füllen und die Oberfläche glatt streichen. Erst die restlichen Birnen, dann die Streusel gleichmäßig darauf verteilen.
5. Im vorgeheizten Ofen etwa 60 Minuten goldbraun backen. Den Kuchen 2–3 Minuten abkühlen lassen, dann aus der Form lösen und auf einem Kuchengitter vollständig erkalten lassen.

64

Dattel-Sesam-Riegel

Ergibt 12 Stück

- Öl oder zerlassene Butter, zum Einfetten
- 200 entsteinte getrocknete Datteln, grob gehackt
- 4 EL Orangensaft
- 100 g Mehl
- 1½ TL Backpulver
- 100 g Vollkornmehl
- 170 g weiche Butter
- 150 g brauner Zucker
- 3 Eier, verquirlt
- 1 TL Vanillearoma
- 3 EL Sesamkörner

1. Den Backofen auf 180 °C vorheizen. Eine eckige Backform (30 cm x 24 cm) einfetten und den Boden mit Backpapier auskleiden.
2. Datteln und Orangensaft in einen Topf geben und unter gelegentlichem Rühren zum Kochen bringen. Die Hitze reduzieren und etwa 5 Minuten köcheln lassen, bis der Orangensaft aufgesogen ist. Den Topf vom Herd nehmen und die Datteln abkühlen lassen.
3. Weißmehl und Backpulver in eine große Rührschüssel sieben und mit dem Vollkornmehl mischen. Butter, Zucker, Eier und Vanillearoma dazugeben. Die Zutaten zu einem glatten Teig rühren, dann die Datteln unterheben.
4. Den Teig in die vorbereitete Form füllen und die Oberfläche glatt streichen. Mit dem Sesam bestreuen und im vorgeheizten Ofen 25–30 Minuten goldbraun backen.
5. Den Kuchen vollständig in der Form erkalten lassen, dann in Riegel schneiden.

65

Honig-Apfel-Schnitten

1. Den Backofen auf 180 °C vorheizen. Eine eckige Backform (30 cm x 24 cm) einfetten und den Boden mit Backpapier auskleiden.

2. Mehl, Backpulver und Piment in eine große Rührschüssel sieben. Butter, Zucker, Eier und Vanillearoma dazugeben. Die Zutaten zu einem glatten Teig rühren, dann den Apfelsaft einarbeiten.

3. Den Teig in die vorbereitete Form füllen und die Oberfläche glatt streichen. Die Äpfel entkernen und in Spalten schneiden. Überlappend auf den Kuchen legen, ohne die Spalten in den Teig zu drücken. Mit der Hälfte des Honigs bestreichen.

4. Im vorgeheizten Ofen 30–35 Minuten goldbraun backen. Die Kuchen 15 Minuten abkühlen lassen, dann in Stücke schneiden und auf einem Kuchengitter vollständig erkalten lassen.

5. Vor dem Servieren mit dem restlichen Honig bestreichen.

Ergibt 12 Stück

- Öl oder zerlassene Butter, zum Einfetten
- 200 g Mehl
- 2 TL Backpulver
- ½ TL gemahlener Piment
- 170 g weiche Butter
- 180 g Feinstzucker
- 3 Eier, verquirlt
- 1 TL Vanillearoma
- 2 EL Apfelsaft
- 4 rotschalige Äpfel
- 3 EL Honig, erwärmt

66

Bananen-Nuss-Torte

1. Den Backofen auf 180 °C vorheizen. Zwei Springformen (20 cm Durchmesser) einfetten und den Boden mit Backpapier auskleiden.

2. Mehl und Backpulver in eine große Rührschüssel sieben. Butter, Zucker, Eier und Vanillearoma dazugeben. Die Zutaten zu einem glatten Teig rühren, dann die Pekannüsse unterheben. Die Milchkonfitüre rasch unter den Teig ziehen.

3. Den Teig in die vorbereiteten Formen füllen und die Oberfläche glatt streichen. Im vorgeheizten Ofen 25–30 Minuten goldbraun backen. Die Kuchen 2–3 Minuten abkühlen lassen, dann aus der Form lösen und auf einem Kuchengitter vollständig erkalten lassen.

4. Von einer Banane einige Scheiben für die Garnierung abschneiden und beiseitelegen. Die restlichen Bananen zerdrücken. Mit 3 Esslöffeln Milchkonfitüre verrühren und den Kuchen damit zusammensetzen.

5. Die Sahne steif schlagen und die restliche Milchkonfitüre unterziehen. Die Torte damit bestreichen. Mit Bananenscheiben und Pekannusshälften garnieren.

Ergibt 8 Stück

- Öl oder zerlassene Butter, zum Einfetten
- 200 g Mehl
- 1 EL Backpulver
- 170 g weiche Butter
- 180 g Feinstzucker
- 3 Eier, verquirlt
- 1 TL Vanillearoma
- 40 g Pekannusskerne, fein gehackt
- 4 EL Milchkonfitüre

Füllung

- 2 Bananen
- 5 EL Milchkonfitüre
- 120 g Sahne
- Pekannusshälften, zum Garnieren

67

Exotisches Früchtebrot

1. Den Backofen auf 160 °C vorheizen. Eine beschichtete Kranzform (22 cm Durchmesser) einfetten und den Boden mit Backpapier auskleiden. Limettensaft und Trockenfürchte in eine Schale geben und 15 Minuten ziehen lassen.

2. Mehl und Backpulver in eine große Rührschüssel sieben. Butter, Zucker, Eier und Vanillearoma dazugeben. Die Zutaten zu einem glatten Teig rühren, dann die Trockenfrüchte unterheben.

3. Den Teig in die vorbereitete Form füllen und die Oberfläche glatt streichen. Im vorgeheizten Ofen 40–50 Minuten goldbraun backen. Den Kuchen 10 Minuten abkühlen lassen, dann auf ein Kuchengitter stürzen und vollständig erkalten lassen.

4. Für die Glasur Puderzucker und Limettensaft glatt rühren. Über den Kranz gießen und mit getrockneten Früchten garnieren. Fest werden lassen.

Ergibt 12 Stück

- Öl oder zerlassene Butter, zum Einfetten
- 2 EL Limettensaft
- 100 g gemischte getrocknete tropische Früchte, z. B. Mango, Papaya, Ananas, fein gehackt, plus etwas mehr zum Garnieren
- 200 g Mehl
- 2½ TL Backpulver
- 170 g weiche Butter
- 180 g Feinstzucker
- 3 Eier, verquirlt
- 1 TL Vanillearoma

Glasur

80 g Puderzucker

1 EL Limettensaft

68

Beeren-Knusper-Kuchen

Ergibt 12 Stück

- Öl oder zerlassene Butter, zum Einfetten
- 200 g Mehl, plus 1 EL Mehl zusätzlich
- 2 TL Backpulver
- 170 g weiche Butter
- 180 g Feinstzucker
- 3 Eier, verquirlt
- 1 TL Vanillearoma
- 500 g frische gemischte Beeren, z. B. Himbeeren, Blaubeeren und Brombeeren
- 125 g Eierplätzchen, zerdrückt

1. Den Backofen auf 180 °C vorheizen. Eine Springform (24 cm Durchmesser) einfetten und den Boden mit Backpapier auskleiden.

2. Mehl und Backpulver in eine große Rührschüssel sieben. Butter, Zucker, Eier und Vanillearoma dazugeben. Die Zutaten zu einem glatten Teig rühren.

3. Die Hälfte des Teiges in die vorbereitete Form füllen und die Oberfläche glatt streichen. Die Beeren gleichmäßig darauf verteilen. Den zusätzlichen Esslöffel Mehl in den restlichen Teig rühren. Die Plätzchenkrümel in einen großen tiefen Teller geben. Mithilfe von zwei Teelöffeln Teignocken ausstechen, in den Plätzchenkrümeln wenden und gleichmäßig auf die Beeren setzen. Mit den übrig gebliebenen Krümeln bestreuen.

4. Im vorgeheizten Ofen 45–55 Minuten goldbraun backen. Den Kuchen 2–3 Minuten abkühlen lassen, dann aus der Form lösen und auf einem Kuchengitter vollständig erkalten lassen. Möglichst am selben Tag servieren.

Mango-Ingwer-Rolle

Ergibt 10 Stück

- Öl oder zerlassene Butter, zum Einfetten
- etwas Feinstzucker, zum Bestreuen
- 170 g Mehl
- 1½ TL Backpulver
- 170 g weiche Butter
- 180 g Feinstzucker
- 3 Eier, verquirlt
- 1 TL Vanillearoma
- 2 EL Orangensaft
- 1 große vollreife Mango
- 3 EL gehackter kandierter Ingwer
- 5 EL Crème fraîche

1. Den Backofen auf 180 °C vorheizen. Einen eckigen Backrahmen (23 cm x 33 cm) auf ein mit Backpapier ausgekleidetes Backblech setzen. Ein sauberes Geschirrtuch auf einer Arbeitsfläche ausbreiten und mit Zucker bestreuen.

2. Mehl und Backpulver in eine Rührschüssel sieben. Butter, Zucker, Eier und Vanillearoma dazugeben. Die Zutaten zu einem glatten Teig rühren, dann den Orangensaft einarbeiten.

3. Den Teig in die vorbereitete Form füllen und bis in die Ecken glatt verstreichen. Im vorgeheizten Ofen 15–20 Minuten goldbraun backen.

4. Währenddessen die Mango schälen. Das Fruchtfleisch vom Stein schneiden und klein würfeln. Einige Mangowürfel für die Garnierung beiseitelegen, den Rest mit 2 Esslöffeln Ingwerstückchen vermengen.

5. Den fertigen Teig vorsichtig auf das Geschirrtuch stürzen und die Mangomischung darauf verteilen. Von der kurzen Seite her mithilfe des Tuches vorsichtig aufrollen. Das Tuch darübergeschlagen lassen, damit die Form erhalten bleibt. Auf ein Kuchengitter heben und vollständig erkalten lassen. Das Tuch entfernen.

6. Für die Garnierung die Crème fraîche teelöffelweise auf die Rolle geben und die restlichen Mango- und Ingwerstückchen daraufsetzen.

70

Bananen-Karotten-Schnitten

1. Den Backofen auf 160 °C vorheizen. Eine quadratische Backform (24 cm Seitenlänge) einfetten und den Boden mit Backpapier auskleiden.
2. Mehl, Backpulver und Muskatnuss in eine große Rührschüssel sieben. Butter, Zucker und Eier dazugeben. Die Zutaten zu einem glatten Teig rühren, dann den Zitronensaft einarbeiten. Banane, Karotten und Walnüsse unterheben.
3. Den Teig in die vorbereitete Form füllen und die Oberfläche glatt streichen. Im vorgeheizten Ofen 45–55 Minuten goldbraun backen.
4. Den Kuchen 5 Minuten abkühlen lassen, dann auf ein Kuchengitter stürzen und vollständig erkalten lassen. In Quadrate schneiden.
5. Für die Glasur Ricotta, Puderzucker und Zitronenschale glatt rühren und mithilfe eines Löffels oder einer Spritztülle auf die Kuchenstücke geben. Mit Bananenscheiben und Muskatnuss garnieren.

Ergibt 16 Stück

- Öl oder zerlassene Butter, zum Einfetten
- 200 g Mehl
- 1 EL Backpulver
- 1 TL frisch geriebene Muskatnuss
- 170 g weiche Butter
- 180 g Feinstzucker
- 3 Eier, verquirlt
- 1 EL Zitronensaft
- 1 Banane, zerdrückt
- 1½ mittelgroße Karotten, gerieben
- 40 g Walnusskerne, fein gehackt
- getrocknete Bananenscheiben und frisch geriebene Muskatnuss, zum Garnieren

Glasur

- 250 g Ricotta
- 80 g Puderzucker
- fein abgeriebene Schale von einer ½ Zitrone

Pfirsichkuchen

Ergibt 12 Stück

- Öl oder zerlassene Butter, zum Einfetten
- 200 g Mehl
- 1 EL Backpulver
- 1 TL gemahlener Anis
- 170 g weiche Butter
- 180 g Feinstzucker
- 3 Eier, verquirlt
- 1 TL Vanillearoma
- 4 vollreife Pfirsiche, entsteint und klein gewürfelt

Belag

- 175 g Haferflocken
- 70 g Feinstzucker
- 4 EL Butter

1. Den Backofen auf 180 °C vorheizen. Eine Springform (26 cm Durchmesser) einfetten und den Boden mit Backpapier auskleiden.
2. Mehl, Backpulver und Anis in eine große Rührschüssel sieben. Butter, Zucker, Eier und Vanillearoma dazugeben. Die Zutaten zu einem glatten Teig rühren.
3. Den Teig in die vorbereitete Form füllen und die Oberfläche glatt streichen. Die Pfirsichwürfel gleichmäßig darauf verteilen.
4. Für den Belag Haferflocken und Zucker in einer Schale mischen. Die Butter zerlassen und mit den Haferflocken vermengen. Gleichmäßig auf den Pfirsichen verteilen.
5. Im vorgeheizten Ofen etwa 60 Minuten goldbraun backen. Den Kuchen 2–3 Minuten abkühlen lassen, dann aus der Form lösen und auf einem Kuchengitter vollständig erkalten lassen. Schmeckt frisch am besten.

Orangen-Erdnuss-Kuchen

1. Den Backofen auf 160 °C vorheizen. Eine quadratische Backform (24 cm Seitenlänge) einfetten und den Boden mit Backpapier auskleiden.

2. Die Orangenschale dünn abreiben. Mit einem scharfen Messer nun die weiße Innenschale vollständig abschälen. Das Fruchtfleisch in kleine Stücke schneiden.

3. Mehl und Backpulver in eine große Rührschüssel sieben. Butter, Erdnusscreme, Zucker, Eier und Vanillearoma dazugeben. Die Zutaten zu einem glatten Teig rühren, dann Orangenschale und -fruchtfleisch unterheben.

4. Den Teig in die vorbereitete Form füllen und die Oberfläche glatt streichen. Im vorgeheizten Ofen 40–50 Minuten goldbraun backen. Den Kuchen etwa 10 Minuten abkühlen lassen, dann auf ein Kuchengitter stürzen und vollständig erkalten lassen.

5. Für die Glasur Erdnusscreme, Orangensaft und Puderzucker glatt rühren und den Kuchen damit überziehen.

Ergibt 9 Stück

- Öl oder zerlassene Butter, zum Einfetten
- 1 Orange
- 200 g Mehl
- 1½ TL Backpulver
- 100 g weiche Butter
- 70 g Crunchy-Erdnusscreme
- 180 g Feinstzucker
- 3 Eier, verquirlt
- 1 TL Vanillearoma

Glasur

- 50 g Crunchy-Erdnusscreme
- 2 EL Orangensaft
- 50 g Puderzucker

73

Knuspriger Birnenkuchen

1. Den Backofen auf 180 °C vorheizen. Eine quadratische Backform (24 cm Seitenlänge) einfetten und den Boden mit Backpapier auskleiden.

2. Die Birnen vierteln, entkernen und jedes Viertel in 3–4 Spalten schneiden. Mit der Hälfte des Zitronensafts bestreichen.

3. Mehl und Backpulver in eine große Rührschüssel sieben. Butter, Zucker, Eier und Vanillearoma dazugeben. Die Zutaten zu einem glatten Teig rühren, dann den restlichen Zitronensaft einarbeiten. Zitronenschale, Haferflocken, Sonnenblumen- und Kürbiskerne unterheben.

4. Den Teig in die vorbereitete Form füllen und die Oberfläche glatt streichen. Mit den Birnenspalten belegen, ohne sie in den Teig zu drücken. Mit dem Rohrzucker bestreuen.

5. Im vorgeheizten Ofen 35–40 Minuten goldbraun backen. Den Kuchen 15 Minuten abkühlen lassen. In Stücke schneiden und auf einem Kuchengitter erkalten lassen.

Ergibt 14 Stück

- Öl oder zerlassene Butter, zum Einfetten
- 3 feste vollreife Birnen
- 2 EL Zitronensaft
- 200 g Mehl
- 2 TL Backpulver
- 170 g weiche Butter
- 150 g brauner Zucker
- 3 Eier, verquirlt
- 1 TL Vanillearoma
- fein abgeriebene Schale von 1 Zitrone
- 70 g Haferflocken
- 3 EL Sonnenblumenkerne
- 40 g Kürbiskerne
- 1 EL Vollrohrzucker

74

Erdbeer-Quark-Schnitten

Ergibt 8 Stück

- Öl oder zerlassene Butter, zum Einfetten
- 170 g Mehl
- 1½ TL Backpulver
- 170 g weiche Butter
- 180 g Feinstzucker
- 3 Eier, verquirlt
- 1 TL Vanillearoma
- 2 EL Milch
- 500 g frische Erdbeeren
- 250 g Mascarpone
- Puderzucker, zum Bestäuben

1. Den Backofen auf 180 °C vorheizen. Einen quadratischen Backrahmen (23 cm x 23 cm) auf ein mit Backpapier ausgekleidetes Backblech setzen.

2. Mehl und Backpulver in eine große Rührschüssel sieben. Butter, Zucker, Eier und Vanillearoma dazugeben. Die Zutaten zu einem glatten Teig rühren, dann die Milch einarbeiten.

3. Den Teig in die vorbereitete Form füllen und bis in die Ecken glatt verstreichen. Im vorgeheizten Ofen 15–20 Minuten goldbraun backen. Auf dem Backblech erkalten lassen.

4. Den Kuchen in drei gleich große Rechtecke schneiden. Die Erdbeeren putzen und 4–5 Stück für die Garnierung beiseitelegen. Die restlichen Erdbeeren klein schneiden und mit dem Mascarpone verrühren. Die Teigböden mit dieser Creme zusammensetzen.

5. Vor dem Servieren den Kuchen mit Puderzucker bestäuben. Die zurückgelegten Erdbeeren in Scheiben schneiden und auf dem Kuchen anrichten.

75

Blaubeer-Streuselkuchen

1. Den Backofen auf 160 °C vorheizen. Eine Springform (24 cm Durchmesser) einfetten und den Boden mit Backpapier auskleiden.

2. Für die Streusel alle Zutaten in einer Schüssel vermengen.

3. Mehl und Backpulver in eine große Rührschüssel sieben. Butter, Zucker, Eier und Vanillearoma dazugeben. Die Zutaten zu einem glatten Teig rühren, dann Orangenschale, Mandeln und die Hälfte der Blaubeeren unterheben.

4. Den Teig in die vorbereitete Form füllen, die Oberfläche glatt streichen und mit den restlichen Beeren belegen. Die Streusel gleichmäßig darauf verteilen.

5. Im vorgeheizten Ofen 60–70 Minuten goldbraun backen. Den Kuchen 10 Minuten abkühlen lassen, dann aus der Form lösen und auf einem Kuchengitter vollständig erkalten lassen.

Ergibt 12 Stück

- Öl oder zerlassene Butter, zum Einfetten
- 200 g Mehl
- 2 TL Backpulver
- 170 g weiche Butter
- 180 g Feinstzucker
- 3 Eier, verquirlt
- 1 TL Vanillearoma
- fein abgeriebene Schale von einer ½ Orange
- 50 g gemahlene Mandeln
- 300 g frische Blaubeeren

Streusel

- 60 g Mehl
- 2 EL weiche Butter
- 2 EL Feinstzucker
- fein abgeriebene Schale von einer ½ Orange

76

Kiwikuchen mit Zitronenglasur

1. Den Backofen auf 160 °C vorheizen. Eine Kastenform (1,2 l) einfetten.

2. Mehl und Backpulver in eine große Rührschüssel sieben. Butter, Zucker, Eier und Vanillearoma dazugeben. Die Zutaten zu einem glatten Teig rühren und die Kiwiwürfel unterheben.

3. Den Teig in die vorbereitete Form füllen und die Oberfläche glatt streichen. Im vorgeheizten Ofen etwa 60 Minuten goldbraun backen.

4. Den Kuchen 10 Minuten abkühlen lassen, dann auf ein Kuchengitter stürzen und vollständig erkalten lassen.

5. Für die Glasur Frischkäse, Zitronenschale und Puderzucker glatt rühren und den Kuchen damit bestreichen. Mit Kiwischeiben garnieren.

Ergibt 8 Stück

- Öl oder zerlassene Butter, zum Einfetten
- 200 g Mehl
- 2 TL Backpulver
- 170 g weiche Butter
- 180 g Feinstzucker
- 3 Eier, verquirlt
- 1 TL Vanillearoma
- 2 Kiwis, geschält und in 1 cm große Würfel geschnitten
- Kiwischeiben, zum Garnieren

Glasur

- 50 g Frischkäse
- 1 EL fein abgeriebene Zitronenschale
- 120 g Puderzucker

Aprikosenbrot

1. Den Backofen auf 160 °C vorheizen. Eine Kastenform (1,2 l) einfetten.
2. Mehl und Backpulver in eine große Rührschüssel sieben. Butter, Zucker, Eier und Bittermandelaroma dazugeben. Die Zutaten zu einem glatten Teig rühren, dann den Orangensaft einarbeiten und zwei Drittel der Aprikosen unterheben.
3. Den Teig in die vorbereitete Form füllen und die Oberfläche glatt streichen. Mit den restlichen Aprikosen bestreuen. Im vorgeheizten Ofen etwa 60 Minuten goldbraun backen.
4. Den Kuchen 10 Minuten abkühlen lassen, dann auf ein Kuchengitter stürzen und vollständig erkalten lassen.
5. Die Aprikosenkonfitüre mit dem Zitronensaft in einem Topf erwärmen und die Oberseite des Kuchens damit bestreichen.

Ergibt 8 Stück

- Öl oder zerlassene Butter, zum Einfetten
- 280 g Mehl
- 2 TL Backpulver
- 170 g weiche Butter
- 180 g Feinstzucker
- 3 Eier, verquirlt
- 1 TL Bittermandelaroma
- 2 EL Orangensaft
- 200 g getrocknete Aprikosen, klein gewürfelt
- 3 EL Aprikosenkonfitüre
- 1 EL Zitronensaft

78

Cranberry-Kokos-Ring

1. Den Backofen auf 180 °C vorheizen. Eine beschichtete Kranzform (22 cm Durchmesser) einfetten.

2. Mehl und Backpulver in eine große Rührschüssel sieben. Butter, Zucker, Eier und Vanillearoma dazugeben. Die Zutaten zu einem glatten Teig rühren, dann Cranberrys, Cranberrysaft und Kokosraspeln unterheben.

3. Den Teig in die vorbereitete Form füllen und die Oberfläche glatt streichen. Im vorgeheizten Ofen 30–35 Minuten goldbraun backen.

4. Den Kuchen 5 Minuten abkühlen lassen, dann auf ein Kuchengitter stürzen und vollständig erkalten lassen. Den Kuchen mit dem Preiselbeerkompott garnieren und mit Kokosraspeln bestreuen.

Ergibt 12 Stück

- Öl oder zerlassene Butter, zum Einfetten
- 200 g Mehl
- 1 EL Backpulver
- 170 g weiche Butter
- 180 g Feinstzucker
- 3 Eier, verquirlt
- 1 TL Vanillearoma
- 100 g getrocknete Cranberrys
- 2 EL Cranberrysaft
- 60 g Kokosraspel
- 3 EL Preiselbeerkompott
- 2 EL frisch geraspelte Kokosnuss, geröstet

79

Ananastorte

1. Den Backofen auf 180 °C vorheizen. Drei Springformen (24 cm Durchmesser) einfetten und den Boden mit Backpapier auskleiden.

2. Mehl, Backpulver und Zimt in eine große Rührschüssel sieben. Zucker, Öl, Eier und Vanillearoma dazugeben. Die Zutaten zu einem glatten Teig rühren, dann Pekannüsse, Bananen und Ananas unterheben.

3. Den Teig in die vorbereiteten Formen füllen und die Oberfläche glatt streichen. Im vorgeheizten Ofen 20–25 Minuten goldbraun backen.

4. Die Kuchen 2–3 Minuten abkühlen lassen, dann aus der Form lösen und auf einem Kuchengitter vollständig erkalten lassen.

5. Für die Glasur Frischkäse, Butter, Vanillearoma und Puderzucker glatt rühren. Die Teigböden mit etwa zwei Dritteln der Creme zusammensetzen. Die Oberseite der Torte mit der restlichen Creme bestreichen. Mit Ananasstücken und Pekannusshälften garnieren.

Ergibt 12 Stück

- Öl oder zerlassene Butter, zum Einfetten
- 200 g Mehl
- 1 EL Backpulver
- 1 TL Zimt
- 180 g Feinstzucker
- 180 ml Sonnenblumenöl
- 3 Eier, verquirlt
- 1 TL Vanillearoma
- 60 g Pekannusskerne, fein gehackt
- 2 kleine reife Bananen, zerdrückt
- 70 g Ananasstücke aus der Dose, abgetropft und zerdrückt
- Ananasstücke und Pekannusshälften, zum Garnieren

Glasur

- 170 g Doppelrahmfrischkäse
- 50 g weiche Butter
- 1 TL Vanillearoma
- 300 g Puderzucker, gesiebt

80

Kirsch-Schokoladen-Torte

1. Den Backofen auf 180 °C vorheizen. Zwei Springformen (20 cm Durchmesser) einfetten und den Boden mit Backpapier auskleiden.
2. Mehl, Backpulver und Kakaopulver in eine große Rührschüssel sieben. Butter, Zucker, Eier und Vanillearoma dazugeben. Die Zutaten zu einem glatten Teig rühren, dann die Milch einarbeiten.
3. Den Teig in die vorbereiteten Formen füllen und die Oberfläche glatt streichen. Im vorgeheizten Ofen 25–30 Minuten goldbraun backen. Die Kuchen 2–3 Minuten abkühlen lassen, dann aus der Form lösen und auf einem Kuchengitter vollständig erkalten lassen.
4. Die Teigböden nach Belieben mit dem Kirschwasser tränken. Die Sahne mit dem Puderzucker steif schlagen. Einen Teigboden mit einem Drittel der Schlagsahne bestreichen und mit den Kirschen belegen. Den zweiten Boden daraufsetzen.
5. Die Torte mit der restlichen Schlagsahne überziehen und den Rand mit Raspelschokolade bedecken. Mit ganzen Kirschen garnieren.

Ergibt 8 Stück

- Öl oder zerlassene Butter, zum Einfetten
- 170 g Mehl
- 1 EL Backpulver
- 2 EL Kakaopulver
- 170 g weiche Butter
- 180 g Feinstzucker
- 3 Eier, verquirlt
- 1 TL Vanillearoma
- 2 EL Milch
- 3 EL Kirschwasser oder Weinbrand (nach Belieben)
- Raspelschokolade und frische Kirschen, zum Garnieren

Füllung

- 500 g Sahne
- 2 EL Puderzucker
- 270 g entsteinte Kirschen, frisch oder aus dem Glas

Warm

serviert

81

Pflaumenkuchen

1. Den Backofen auf 180 °C vorheizen. Eine eckige Backform (32 cm x 24 cm) einfetten und den Boden mit Backpapier auskleiden.
2. Mehl und Backpulver in eine große Rührschüssel sieben. Butter, Zucker, Eier und Bittermandelaroma dazugeben. Die Zutaten zu einem glatten Teig rühren, dann die gemahlenen Mandeln unterheben.
3. Den Teig in die vorbereitete Form füllen und die Oberfläche glatt streichen. Mit den Pflaumen, Schnittseite nach oben, belegen, ohne sie in den Teig zu drücken. Mit Mandelblättchen und Vollrohrzucker bestreuen.
4. Im vorgeheizten Ofen 50–60 Minuten goldbraun backen. Den Kuchen in Quadrate schneiden und warm mit Schlagsahne servieren.

Ergibt 12 Stück

- Öl oder zerlassene Butter, zum Einfetten
- 200 g Mehl
- 2 TL Backpulver
- 170 g weiche Butter
- 180 g Feinstzucker
- 3 Eier, verquirlt
- 1 TL Bittermandelaroma
- 80 g gemahlene Mandeln
- 500 g Pflaumen, geviertelt und entsteint
- 3 EL Mandelblättchen
- 2 EL Vollrohrzucker
- Schlagsahne, zum Servieren

82

Gestürzte Mango-Kokos-Torte

Ergibt 12 Stück

- Öl oder zerlassene Butter, zum Einfetten
- 1 große vollreife Mango, geschält und gewürfelt
- 200 g Mehl
- 1 EL Backpulver
- 170 g weiche Butter
- 180 g Feinstzucker
- 3 Eier, verquirlt
- 2 EL Limettensaft
- fein abgeriebene Schale von 1 Limette
- 30 g Kokosraspel
- 2 EL Zucker, zum Gratinieren
- frische Kokosraspel, geröstet, zum Garnieren

1. Den Backofen auf 180 °C vorheizen. Eine Backform (24 cm Durchmesser) einfetten, den Boden mit Backpapier auskleiden.
2. Die Mangowürfel gleichmäßig auf dem Boden der Backform verteilen. Mehl und Backpulver in eine große Rührschüssel sieben. Butter, Zucker und Eier dazugeben. Die Zutaten zu einem glatten Teig rühren, dann Limettensaft und -schale einarbeiten und die Kokosraspeln unterheben.
3. Den Teig über die Mangowürfel in die vorbereitete Form füllen und die Oberfläche glatt streichen. Im vorgeheizten Ofen 40–50 Minuten goldbraun backen.
4. Den Kuchen 2–3 Minuten abkühlen lassen, dann auf eine Kuchenplatte stürzen. Den Grill des Backofens vorheizen. Die Torte mit dem Zucker bestreuen und 2–3 Minuten unter dem heißen Grill gratinieren. Alternativ den Zucker mit einem Küchengasbrenner karamellisieren.
5. Mit Kokosraspeln bestreuen und warm servieren.

83

Karamellisierter Apfelkuchen

Ergibt 12 Stück

- Öl oder zerlassene Butter, zum Einfetten
- 200 g Mehl
- 1 EL Backpulver
- 170 g weiche Butter
- 180 g Feinstzucker
- 3 Eier, verquirlt
- 1 TL Vanillearoma

fein abgeriebene Schale von 1 Zitrone

Schlagsahne, zum Servieren

Karamell-Äpfel

50 g Butter

120 g Feinstzucker

1 EL Wasser

4 Äpfel

2 EL Zitronensaft

1. Den Backofen auf 180 °C vorheizen. Eine Backform (24 cm Durchmesser) einfetten.
2. Für die Karamell-Äpfel Butter, Zucker und Wasser in einen schweren Topf geben und sanft erhitzen, bis sich der Zucker aufgelöst hat. Zum Kochen bringen und rühren, bis ein goldbrauner Karamell entstanden ist. Den Karamell sofort in die Backform gießen und durch Schwenken gleichmäßig auf dem Boden verteilen.
3. Die Äpfel schälen und entkernen. In dicke Spalten schneiden und im Zitronensaft wenden. Den Boden der Backform gleichmäßig mit den Apfelspalten belegen.
4. Mehl und Backpulver in eine große Rührschüssel sieben. Butter, Zucker, Eier und Vanillearoma dazugeben. Die Zutaten zu einem glatten Teig rühren, dann die Zitronenschale unterheben.
5. Den Teig über die Äpfel in die vorbereitete Form füllen und die Oberfläche glatt streichen. Im vorgeheizten Ofen 40–50 Minuten goldbraun backen.
6. Den Kuchen 2–3 Minuten in der Form abkühlen lassen, dann auf eine Kuchenplatte stürzen und warm mit Schlagsahne servieren.

84

Mokka-Dessert

1. Den Backofen auf 200 °C vorheizen. Sechs Backförmchen (250 ml) einfetten.

2. Mehl, Backpulver und Kakaopulver in eine große Rührschüssel sieben. Butter, Zucker, Eier und Kaffee dazugeben. Die Zutaten zu einem glatten Teig rühren.

3. Den Teig in die vorbereiteten Förmchen füllen, die Oberfläche glatt streichen und die Schokoladenstückchen in die Mitte setzen. Im vorgeheizten Ofen 20–25 Minuten goldbraun backen.

4. Für die Sauce Sahne, Schokolade und Kaffee in einen kleinen Topf geben und unter Rühren sanft erhitzen (nicht kochen!), bis die Schokolade geschmolzen und eine glatte Sauce entstanden ist. Die Törtchen auf Dessertteller stürzen. Mit der Sauce übergießen und warm servieren.

Ergibt 6 Stück

- Öl oder zerlassene Butter, zum Einfetten
- 200 g Mehl
- 2 TL Backpulver
- 2 EL Kakaopulver
- 170 g weiche Butter
- 150 g brauner Zucker
- 3 Eier, verquirlt
- 1 TL Instantkaffee, aufgelöst in 1 EL heißem Wasser
- 6 kleine Stücke Zartbitterschokolade

Sauce

- 250 g Sahne
- 100 g Zartbitterschokolade, in Stücke gebrochen
- 1 TL Instantkaffee, aufgelöst in 1 EL heißem Wasser

85

Zitrustörtchen

Ergibt 6 Stück

- Öl oder zerlassene Butter, zum Einfetten
- 200 g Mehl
- 1 EL Backpulver
- 170 g weiche Butter
- 180 g Feinstzucker
- 3 Eier, getrennt

fein abgeriebene Schale und Saft von 2 Zitronen

150 ml Milch

1. Den Backofen auf 180 °C vorheizen. Sechs Backförmchen (250 ml) einfetten und in eine große Bratform setzen.
2. Mehl und Backpulver in eine große Rührschüssel sieben. Butter, Zucker und Eigelb dazugeben. Die Zutaten zu einem glatten Teig rühren, dann Zitronenschale und -saft sowie Milch einarbeiten. Das Eiweiß in einer zweiten Schüssel steif schlagen und unter den Teig heben.
3. Den Teig in die vorbereiteten Förmchen füllen. Kochendes Wasser bis auf halbe Höhe der Förmchen in die Bratform füllen. Im vorgeheizten Ofen 30–35 Minuten goldbraun backen.
4. Die Förmchen auf warme Dessertteller setzen und sofort servieren. Die Törtchen sollten innen noch recht weich sein.

86

Pfirsich-Zimt-Pie

1. Den Backofen auf 160 °C vorheizen. Eine Springform (24 cm Durchmesser) einfetten und den Boden mit Backpapier auskleiden.

2. Mehl, Backpulver und Zimt in eine große Rührschüssel sieben. Butter, Zucker, Eier und Vanillearoma dazugeben. Die Zutaten zu einem glatten Teig rühren.

3. Die Hälfte des Teiges in die vorbereitete Form füllen, die Oberfläche glatt streichen und die Pfirsichstücke darauf verteilen. Die Cornflakes leicht unter den restlichen Teig heben. Esslöffelweise auf die Pfirsiche setzen.

4. Im vorgeheizten Ofen etwa 60 Minuten goldbraun backen. Warm mit Schlagsahne servieren.

Ergibt 12 Stück

- Öl oder zerlassene Butter, zum Einfetten
- 200 g Mehl
- 2 TL Backpulver
- 1 TL Zimt
- 170 g weiche Butter
- 180 g Feinstzucker
- 3 Eier, verquirlt
- 1 TL Vanillearoma
- 3 vollreife Pfirsiche oder Nektarinen, gehäutet, entsteint und gewürfelt
- 75 g Cornflakes, leicht zerdrückt
- Schlagsahne, zum Servieren

87

Orangen-Mandel-Kuchen

Ergibt 12 Stück

- Öl oder zerlassene Butter, zum Einfetten
- 2 Orangen
- 50 g gemahlene Mandeln
- 125 g Mehl
- 1 EL Backpulver
- 6 EL weiche Butter
- 180 g Feinstzucker
- 3 Eier, verquirlt
- 1 TL Orangenblütenwasser
- 2 EL Orangensaft
- 2 EL Mandelblättchen
- Orangenzesten, zum Garnieren

1. Den Backofen auf 160 °C vorheizen. Eine Springform (24 cm Durchmesser) einfetten und den Boden mit Backpapier auskleiden.

2. Die Orangen heiß abwaschen, in einen Topf geben und mit kochendem Wasser bedecken. Bei geschlossenem Deckel 60 Minuten köcheln lassen, bis die Orangen weich sind. Abtropfen und etwas abkühlen lassen. Die Orangen halbieren und die Kerne herauslösen. Die Orangenhälften im Mixer oder mit dem Pürierstab glatt pürieren. Die Mandeln untermischen.

3. Mehl und Backpulver in eine große Rührschüssel sieben. Butter, Zucker, Eier und Orangenblütenwasser dazugeben. Die Zutaten zu einem glatten Teig rühren, dann die Orangen-Mandel-Masse und den Orangensaft sorgfältig unterheben.

4. Den Teig in die vorbereitete Form füllen und die Oberfläche glatt streichen. Im vorgeheizten Ofen 40–50 Minuten goldbraun backen.

5. Den Kuchen 2–3 Minuten abkühlen lassen, dann aus der Form lösen, mit Mandelblättchen und Orangenzesten garnieren und warm mit Schlagsahne servieren.

88

Limetten-Grießkuchen

Ergibt 9 Stück

- Öl oder zerlassene Butter, zum Einfetten
- 250 g Grieß
- 1 EL Backpulver
- 170 g weiche Butter
- 180 g Feinstzucker
- 3 Eier, verquirlt
- 100 g gemahlene Mandeln
- fein abgeriebene Schale und Saft von 1 Limette

Sirup

- Saft von 2 Limetten
- 180 g Feinstzucker
- 230 ml Wasser
- 1 Zimtstange
- 1 Limette, in feine Scheiben geschnitten

1. Den Backofen auf 180 °C vorheizen. Eine quadratische Backform (20 cm Seitenlänge) einfetten und den Boden mit Backpapier auskleiden.
2. Grieß und Backpulver in einer großen Rührschüssel mischen. Butter, Zucker und Eier dazugeben. Die Zutaten zu einem glatten Teig rühren, dann Mandeln, Limettenschale und -saft unterheben.
3. Den Teig in die vorbereitete Form füllen und die Oberfläche glatt streichen. Im vorgeheizten Ofen 30–35 Minuten goldbraun backen.
4. Währenddessen für den Sirup Limettensaft, Zucker, Wasser und Zimtstange in einen Topf geben. Unter Rühren sanft erhitzen, bis sich der Zucker aufgelöst hat. Die Limettenscheiben gründlich waschen, dazugeben und 1–2 Minuten köcheln lassen. Die Limettenscheiben wieder herausnehmen und auf Küchenpapier abtropfen lassen. Den Sirup 6–8 Minuten auf die Hälfte einkochen. Die Zimtstange entfernen.
5. Den Kuchen aus der Form lösen und auf eine Kuchenplatte setzen. Mit den Limettenscheiben belegen und mit dem Sirup tränken. Warm servieren.

Apfel-Cidre-Auflauf

Ergibt 6 Stück

- Öl oder zerlassene Butter, zum Einfetten
- 6 kleine Äpfel
- 200 g Mehl
- 2 TL Backpulver
- 170 g weiche Butter, plus etwas mehr zum Bestreichen
- 180 g Feinstzucker
- 3 Eier, verquirlt
- 1 TL Vanillearoma
- 2 EL herber Cidre
- ¼ TL Zimt
- 1 EL Vollrohrzucker
- Schlagsahne oder Vanille-Eiscreme, zum Servieren

1. Den Backofen auf 160 °C vorheizen. Eine eckige Auflaufform (2 l) einfetten.
2. Eine dicke Kappe vom Stielende der Äpfel abschneiden. Das Kerngehäuse herauslösen und die Kappen wieder auf die Äpfel setzen.
3. Mehl und Backpulver in eine große Rührschüssel sieben. Butter, Zucker, Eier und Vanillearoma dazugeben. Die Zutaten zu einem glatten Teig rühren, dann den Cidre einarbeiten.
4. Den Teig in die vorbereitete Form füllen und die Oberfläche glatt streichen. Die Äpfel in den Teig drücken und mit Butter bestreichen. Zimt und Vollrohrzucker mischen und die Äpfel damit bestreuen.
5. Im vorgeheizten Ofen 60–75 Minuten goldbraun backen. Warm mit Schlagsahne oder Eiscreme servieren.

Apfel-Brombeer-Dessert

1. Den Backofen auf 160 °C vorheizen. Eine ofenfeste Schüssel (1,6 l) einfetten.

2. Den Apfel schälen, vierteln und entkernen. Zwei Apfelviertel klein würfeln. Mit Brombeeren und Vollrohrzucker vermengen und in die Schüssel geben. Die anderen beiden Apfelviertel raspeln.

3. Mehl und Backpulver in eine große Rührschüssel sieben. Butter, Zucker, Eier und Vanillearoma dazugeben. Die Zutaten zu einem glatten Teig rühren, dann den geraspelten Apfel unterheben.

4. Den Teig auf das Obst in die Schüssel füllen und die Oberfläche glatt streichen. Im vorgeheizten Ofen etwa 60–70 Minuten goldbraun backen.

5. Etwa 2 Minuten in der Form abkühlen lassen, dann auf einen warmen Servierteller stürzen und warm mit Schlagsahne servieren.

Ergibt 8 Stück

* Öl oder zerlassene Butter, zum Einfetten
  1 Kochapfel
  150 g frische Brombeeren
  2 EL Vollrohrzucker
* 200 g Mehl
  2 TL Backpulver
* 170 g weiche Butter
* 180 g Feinstzucker
* 3 Eier, verquirlt
* 1 TL Vanillearoma
  Schlagsahne, zum Servieren

91

Getränkte Rosinenmuffins

1. Den Backofen auf 160 °C vorheizen. Eine 12er-Muffinform einfetten und je 1 Teelöffel Zuckerrübensirup in die Vertiefungen geben.

2. Weißmehl, Backpulver und Piment in eine große Rührschüssel sieben und mit dem Vollkornmehl mischen. Butter, Zucker, Eier und Vanillearoma dazugeben. Die Zutaten zu einem glatten Teig rühren, dann die Hälfte der Sultaninen unterheben.

3. Den Teig in die vorbereitete Form füllen und die Oberflächen glatt streichen. Mit den restlichen Sultaninen bestreuen. Im vorgeheizten Ofen 20–25 Minuten goldbraun backen.

4. Die Muffins 2 Minuten abkühlen lassen, dann aus der Form lösen. Warm mit Schlagsahne servieren.

Ergibt 12 Stück

- Öl oder zerlassene Butter, zum Einfetten
- 4 EL Zuckerrübensirup
- 130 g Mehl
- 70 g Vollkornmehl
- 1 EL Backpulver
- 1 TL gemahlener Piment
- 170 g weiche Butter
- 180 g Feinstzucker
- 3 Eier, verquirlt
- 1 TL Vanillearoma
- 100 g Sultaninen
- Schlagsahne, zum Servieren

92

Kirsch-Clafoutis

Für 6–8 Personen

- Öl oder zerlassene Butter, zum Einfetten
- 200 g Mehl, plus 2 EL Mehl extra
- 1 EL Backpulver
- 170 g weiche Butter
- 180 g Feinstzucker
- 3 Eier, verquirlt
- 1 TL Bittermandelaroma

350 g entsteinte Kirschen

2 Eiweiß

1 EL geröstete Mandelblättchen

Puderzucker, zum Bestäuben

1. Den Backofen auf 180 °C vorheizen. Eine flache Auflaufform (2 l) einfetten.
2. Mehl und Backpulver in eine große Rührschüssel sieben. Butter, Zucker, Eier und Bittermandelaroma dazugeben. Die Zutaten zu einem glatten Teig rühren. Die Kirschen mit dem zusätzlichen Mehl bestäuben und die Hälfte unter den Teig heben.
3. Das Eiweiß in einer sauberen Schüssel steif schlagen und unter den Teig heben.
4. Den Teig in die vorbereitete Form füllen und die Oberfläche glatt streichen. Die restlichen Kirschen darauf verteilen. Im vorgeheizten Ofen etwa 45–50 Minuten goldbraun backen.
5. Mit den Mandelblättchen bestreuen und mit Puderzucker bestäuben. Sofort servieren.

93

Getränkter Aprikosenkranz

Ergibt 12 Stück

- Öl oder zerlassene Butter, zum Einfetten
- 3 EL Zuckerrübensirup, plus etwas mehr zum Servieren
- 150 g getrocknete Aprikosen
- 2 EL Orangensaft
- 200 g Mehl
- 2 TL Backpulver
- 170 g weiche Butter
- 150 g brauner Zucker
- 3 Eier, verquirlt
- 1 TL Vanillearoma
- fein abgeriebene Schale von 1 Zitrone

1. Den Backofen auf 160 °C vorheizen. Eine Bundform (22 cm Durchmesser) sorgfältig einfetten.
2. Den Sirup in die Form füllen und durch Schwenken gleichmäßig verteilen. Den Boden der Form mit etwa 20 Aprikosen belegen. Die restlichen Aprikosen klein würfeln, mit dem Orangensaft in einen kleinen Topf geben und zum Kochen bringen. Den Topf vom Herd nehmen und die Aprikosen quellen lassen, bis der Saft aufgesogen ist.
3. Mehl und Backpulver in eine große Rührschüssel sieben. Butter, Zucker, Eier und Vanillearoma dazugeben. Die Zutaten zu einem glatten Teig rühren, dann Zitronenschale und eingeweichte Aprikosen unterheben.
4. Den Teig in die vorbereitete Form füllen und die Oberfläche glatt streichen. Im vorgeheizten Ofen 35–40 Minuten goldbraun backen.
5. Den Kuchen 2–3 Minuten in der Form abkühlen lassen, dann auf eine warme Kuchenplatte stürzen. Mit dem restlichen Zuckerrübensirup beträufeln und warm servieren.

94

Schoko-Orangen-Kuchen

1. Den Backofen auf 180 °C vorheizen. Eine quadratische Backform (24 cm Seitenlänge) einfetten und den Boden mit Backpapier auskleiden.
2. Die Schale von 1 Orange fein abreiben und beiseitestellen. Nun beide Orangen mit einem scharfen Messer schälen, sodass auch die weiße Innenschale vollständig entfernt wird. Die Orangenfilets zwischen den Trennhäuten herausschneiden. Die Hälfte der Filets klein schneiden.
3. Mehl und Backpulver in eine große Rührschüssel sieben. Butter, Zucker, Eier und Vanillearoma dazugeben. Die Zutaten zu einem glatten Teig rühren, dann Orangenschale und -stückchen unterheben.
4. Den Teig in die vorbereitete Form füllen, die Oberfläche glatt streichen und gleichmäßig mit den Schokoladentropfen bestreuen. Im vorgeheizten Ofen 35–40 Minuten goldbraun backen.
5. Für die Sauce Schokolade, Butter und Orangensaft in einen Topf geben und unter Rühren sanft erhitzen, bis die Schokolade geschmolzen und die Sauce glatt ist. Den Kuchen aus der Form lösen und in Quadrate schneiden. Mit Schokoladensauce und Orangenfilets garnieren und warm servieren.

Ergibt 9 Stück

- Öl oder zerlassene Butter, zum Einfetten
- 2 Orangen
- 200 g Mehl
- 2 TL Backpulver
- 170 g weiche Butter
- 180 g Feinstzucker
- 3 Eier, verquirlt
- 1 TL Vanillearoma
- 100 g Zartbitter-Schokoladentropfen

Sauce

- 80 g Zartbitterschokolade
- 3 EL Butter
- 3 EL Orangensaft

95

Pflaumen-Armagnac-Kuchen

Ergibt 12 Stück

- Öl oder zerlassene Butter, zum Einfetten
- 250 g Backpflaumen
- 150 ml Apfelsaft
- 3 EL Armagnac oder Portwein
- 200 g Mehl
- 2 TL Backpulver
- 170 g weiche Butter
- 150 g brauner Zucker
- 3 Eier, verquirlt
- 1 TL Vanillearoma
- 1 EL Vollrohrzucker
- Schlagsahne, zum Servieren

1. Den Backofen auf 160 °C vorheizen. Eine Springform (24 cm Durchmesser) einfetten und den Boden mit Backpapier auskleiden.

2. Die Backpflaumen mit dem Apfelsaft in einen Topf geben und zum Kochen bringen. Die Hitze reduzieren und 10 Minuten sanft köcheln lassen, bis der Saft aufgesogen ist. Die Pflaumen mit dem Armagnac beträufeln und vollständig erkalten lassen.

3. Mehl und Backpulver in eine große Rührschüssel sieben. Butter, Zucker, Eier und Vanillearoma dazugeben. Die Zutaten zu einem glatten Teig rühren.

4. Den Teig in die vorbereitete Form füllen und die Oberfläche glatt streichen. Die Backpflaumen gut abtropfen lassen, dabei den Saft auffangen, und den Kuchen in einer Schicht damit belegen.

5. Im vorgeheizten Ofen 40–50 Minuten goldbraun backen.

6. Den Kuchen auf eine warme Kuchenplatte stürzen und mit dem aufgefangenen Saft tränken. Mit dem Vollrohrzucker bestreuen und warm mit Schlagsahne servieren.

96

Walnussschnitten

Ergibt 9 Stück

- Öl oder zerlassene Butter, zum Einfetten
- 200 g Mehl
- 1 EL Backpulver
- 170 g weiche Butter
- 150 g brauner Zucker
- 3 Eier, verquirlt
- 1 TL Instantkaffee, aufgelöst in 1 EL heißem Wasser

2 EL saure Sahne

50 g Walnusskerne, fein gehackt

Walnusshälften, zum Garnieren

Sauce

4 EL saure Sahne

3 EL Ahornsirup

1. Den Backofen auf 160 °C vorheizen. Eine quadratische Backform (24 cm Seitenlänge) einfetten.

2. Mehl und Backpulver in eine große Rührschüssel sieben. Butter, Zucker, Eier und Kaffee dazugeben. Die Zutaten zu einem glatten Teig rühren, dann saure Sahne und gehackte Walnüsse unterheben.

3. Den Teig in die vorbereitete Form füllen und die Oberfläche glatt streichen. Im vorgeheizten Ofen 40–50 Minuten goldbraun backen.

4. Den Kuchen 2–3 Minuten in der Form abkühlen lassen, dann auf eine warme Kuchenplatte heben und in Quadrate schneiden. Für die Sauce saure Sahne und Ahornsirup in einem kleinen Topf sanft erhitzen und glatt rühren.

5. Die Kuchenstücke mit je einer Walnusshälfte garnieren und mit der Sauce überziehen. Warm servieren.

97

Warme Espresso-Törtchen

Ergibt 6 Stück

- Öl oder zerlassene Butter, zum Einfetten
- 200 g Mehl
- 1 EL Backpulver
- 1 EL Kakaopulver
- 170 g weiche Butter
- 150 g brauner Zucker
- 3 Eier, verquirlt
- 1 TL Vanillearoma
- 3 EL abgekühlter starker Espresso
- Schokostreusel, zum Garnieren

Sauce

1 EL Speisestärke

250 ml starker Espresso

120 g Sahne

3 EL brauner Zucker

1. Den Backofen auf 180 °C vorheizen. Eine eckige Backform (18 cm x 28 cm) einfetten und den Boden mit Backpapier auskleiden.

2. Mehl, Backpulver und Kakaopulver in eine große Rührschüssel sieben. Butter, Zucker, Eier und Vanillearoma dazugeben. Die Zutaten zu einem glatten Teig rühren, dann den Espresso einarbeiten.

3. Den Teig in die vorbereitete Form füllen und die Oberfläche glatt streichen. Im vorgeheizten Ofen 30–35 Minuten goldbraun backen.

4. Währenddessen für die Sauce die Speisestärke mit 2 Esslöffeln Espresso anrühren. Zusammen mit dem restlichen Espresso, Sahne und Zucker in einen Topf geben. Unter Rühren bei mittlerer Hitze zum Kochen bringen. Die Hitze reduzieren und 2 Minuten unter Rühren eindicken.

5. Mit einer Ausstechform (10 cm Durchmesser) 6 Kreise aus dem Kuchen ausstechen. Auf warme Dessertteller setzen, mit der Sauce überziehen und mit Schokostreuseln bestreuen. Warm servieren. (Reste können auch kalt gegessen werden.)

98

Warmer Macadamia-Schokoladenkranz

1. Den Backofen auf 180 °C vorheizen. Eine beschichtete Kranzform (22 cm Durchmesser) einfetten.

2. Schokolade, Milch und Vanillearoma in einen kleinen Topf geben und unter gelegentlichem Rühren sanft erhitzen, bis die Schokolade geschmolzen und die Masse glatt ist. Den Topf vom Herd nehmen.

3. Mehl und Backpulver in eine große Rührschüssel sieben. Butter, Zucker und Eier dazugeben. Die Zutaten zu einem glatten Teig rühren, dann die geschmolzene Schokolade sowie die gehackten Nüsse sorgfältig unterheben.

4. Den Teig in die vorbereitete Form füllen und die Oberfläche glatt streichen. Im vorgeheizten Ofen 35–40 Minuten goldbraun backen.

5. Währenddessen für die Sauce Schokolade, Sahne und Vanillearoma in einen Topf geben und sanft erhitzen, bis die Schokolade geschmolzen und die Sauce glatt ist. Warm halten.

6. Den Kuchen 2–3 Minuten in der Form abkühlen lassen, dann auf eine warme Kuchenplatte stürzen. Die Sauce darübergießen und mit gehackten Macadamianüssen garnieren. Warm servieren.

Ergibt 12 Stück

- Öl oder zerlassene Butter, zum Einfetten
- 70 g weiße Schokolade
- 2 EL Milch
- 1 TL Vanillearoma
- 200 g Mehl
- 1 EL Backpulver
- 170 g weiche Butter
- 180 g Feinstzucker
- 3 Eier, verquirlt
- 100 g Macadamianüsse, fein gehackt, plus etwas mehr zum Garnieren

Sauce

- 100 g weiße Schokolade
- 125 g Sahne
- ½ TL Vanillearoma

99

Rosinenkuchen mit gewürztem Apfelsirup

Ergibt 8 Stück

150 g Rosinen
1 Zimtstange
300 ml Apfelsaft
* Öl oder zerlassene Butter, zum Einfetten
* 200 g Mehl
2 TL Backpulver
* 170 g weiche Butter
* 180 g Feinstzucker
* 3 Eier, verquirlt
* 1 TL Vanillearoma

1. Rosinen, Zimtstange und Apfelsaft in einen Topf geben und zum Kochen bringen. Den Topf vom Herd nehmen und die Rosinen einige Stunden oder über Nacht ziehen lassen. Sorgfältig abtropfen lassen, dabei den Sirup auffangen und mit der Zimtstange beiseitestellen.
2. Den Backofen auf 180 °C vorheizen. Eine eckige Backform (30 cm x 24 cm) einfetten und den Boden mit Backpapier auskleiden.
3. Mehl und Backpulver in eine große Rührschüssel sieben. Butter, Zucker, Eier und Vanillearoma dazugeben. Die Zutaten zu einem glatten Teig rühren, dann die Hälfte der Rosinen unterheben.
4. Den Teig in die vorbereitete Form füllen und die Oberfläche glatt streichen. Die restlichen Rosinen darauf verteilen. Im vorgeheizten Ofen 30–35 Minuten goldbraun backen.
5. Währenddessen den aufgefangenen Saft mit der Zimtstange auf die Hälfte einkochen, sodass ein dünnflüssiger Sirup entsteht. Die Zimtstange entfernen.
6. Den Kuchen in Stücke schneiden und auf warme Dessertteller setzen. Mit dem heißen Sirup übergießen.

100

Joghurt-Honig-Kuchen

Ergibt 12 Stück

- Öl oder zerlassene Butter, zum Einfetten
- 200 g Mehl
- 1 EL Backpulver
- 180 g Naturjoghurt, glatt gerührt
- 170 g griechischer Honig
- 60 g brauner Zucker
- 3 Eier, verquirlt
- 1 TL Vanillearoma

Zitronensauce

2 EL griechischer Honig

2 EL Zitronensaft

2 EL Butter

1. Den Backofen auf 160 °C vorheizen. Eine Springform (24 cm Durchmesser) einfetten und den Boden mit Backpapier auskleiden.
2. Mehl und Backpulver in eine große Rührschüssel sieben. Joghurt, Honig, Zucker, Eier und Vanillearoma dazugeben. Die Zutaten zu einem glatten Teig rühren.
3. Den Teig in die vorbereitete Form füllen und die Oberfläche glatt streichen. Im vorgeheizten Ofen 45–55 Minuten goldbraun backen.
4. Den Kuchen 2–3 Minuten abkühlen lassen, dann aus der Form lösen und auf eine Kuchenplatte setzen.
5. Für die Sauce Honig, Zitronensaft und Butter in einen kleinen Topf geben und einige Minuten unter Rühren zu einem Sirup einkochen.
6. Den Kuchen mit der Sauce übergießen und warm servieren.